UNA GUÍA RÁPIDA:
"Shorting" o
Venta en corto

DAMIEN SOITOUT

DEDICACIÓN

A cada uno de aquellos que tienen la pasión de arriesgarlo todo para mejorar sus vidas, elevar sus estándares y ser quienes rompan el patrón de la normalidad en su familia.

CONTENIDO

EXPRESIONES DE GRATITUD

A mis hijas Dayna, Ángela y Chayli, que este libro sea un testimonio del trabajo que nunca dejo de realizar con el único propósito de brindarles siempre la vida que se merecen.

Y a todas estas personas maravillosas que creen en mí; a mi amada Valeriia, quien me inspiró a escribir estas páginas por su legendaria curiosidad que nunca deja de inspirarme. Una pregunta tuya mueve fuerzas que nunca sospeché que se escondían dentro de mí. Gracias.

INTRODUCCIÓN

La venta en corto, una estrategia a menudo considerada como la antítesis de la inversión convencional, implica un proceso distintivo que requiere una comprensión aguda de la dinámica del mercado. Vamos a desentrañar las complejidades de cómo funciona la venta en corto y la danza estratégica que los inversionistas emprenden en esta maniobra financiera.

En su esencia, la venta en corto comienza con un inversionista identificando un activo, frecuentemente acciones, que creen que está sobrevalorado o listo para experimentar un descenso en su precio. El proceso se inicia con el inversionista tomando prestado el activo elegido de un corredor, con la intención de devolverlo en una fecha posterior. Este activo prestado se vende rápidamente en el mercado abierto.

El elemento crítico de la venta en corto radica en la anticipación de una posterior disminución en el precio del activo prestado. El inversionista, al haber vendido el activo a su precio actual, posiblemente inflado, espera el momento oportuno para recomprar el mismo activo. El objetivo final es volver a comprarlo a un precio más bajo que el precio al cual fue inicialmente vendido, obteniendo así una ganancia.

PARTE 1

¿QUÉ ES LA VENTA EN CORTO?

En el dinámico mundo de las finanzas, la venta en corto, a menudo referida como "shorting", es una estrategia que permite a los inversionistas obtener ganancias a partir de la disminución del valor de un activo. Aunque puede ser una herramienta valiosa para la gestión de carteras, comprender los riesgos asociados con la venta en corto es crucial para cualquier inversionista que navegue el terreno complejo de los mercados financieros.

La venta en corto, una estrategia financiera a menudo envuelta en misterio, es una práctica que implica una danza única con las dinámicas del mercado. En su esencia, la venta en corto puede definirse como el acto estratégico de vender activos prestados con la anticipación de que su valor de mercado experimentará una disminución. El objetivo es claro: recomprar estos activos más tarde a un precio más bajo, generando así una ganancia para el inversionista.

A continuación, desglosamos los componentes clave encapsulados en la definición de venta en corto:

1. Venta de Activos Prestados

La venta en corto comienza con el inversionista tomando prestada una cantidad específica de activos de un corredor u otro participante del mercado. Estos activos pueden tomar diversas formas, pero las acciones son una elección común. El acto de pedir prestado se facilita típicamente a través de una cuenta de margen, donde el inversionista proporciona garantías para asegurar el préstamo.

2. Anticipación de la Disminución de Valor

La creencia central en la venta en corto es la expectativa de que el valor de los activos prestados disminuirá durante un período específico. Esta anticipación se fundamenta en el análisis del inversionista de las condiciones del mercado, los fundamentos de la empresa y otros factores relevantes que podrían influir negativamente en el precio del activo.

3. Recompra a un Precio Más Bajo

Habiendo vendido los activos prestados en el mercado abierto, el vendedor en corto espera pacientemente el momento oportuno. El objetivo es recomprar la misma cantidad de activos en una fecha posterior cuando su valor de mercado haya disminuido. Al recomprar a un precio más bajo que el precio de venta inicial, el vendedor en corto busca capitalizar la diferencia de precio.

4. Generación de Ganancias

El objetivo final de la venta en corto es la generación de ganancias. Las ganancias se realizan cuando el vendedor en corto vende los activos prestados a un precio más alto que el precio al cual los recompra. Esta diferencia, teniendo en cuenta los costos de transacción y otras tarifas, representa la ganancia neta para el inversionista.

5. Naturaleza Inversa de Ganancia/Pérdida

A diferencia de la inversión tradicional, donde las ganancias se obtienen comprando a bajo precio y vendiendo a alto precio, la venta en corto opera de manera inversa. Las ganancias se generan vendiendo a alto precio y comprando a bajo precio. Esta inversión añade un nivel de complejidad y requiere un conjunto distintivo de habilidades analíticas y conciencia del mercado.

6. Acto de Equilibrio entre Riesgo y Recompensa

La venta en corto es una empresa de alto riesgo, y su éxito depende del delicado equilibrio entre riesgo y recompensa. El potencial de pérdidas ilimitadas amplifica el riesgo, enfatizando la necesidad de una cuidadosa consideración, sincronización estratégica y monitoreo continuo de las condiciones del mercado.

En resumen, la venta en corto es una maniobra financiera estratégica donde los inversionistas aprovechan activos prestados con la expectativa de una disminución en el precio. Este enfoque único para los mercados añade dinamismo a las estrategias de inversión pero exige una comprensión matizada de los factores de riesgo y una habilidad aguda para navegar las complejidades de los movimientos del mercado. Es una práctica que, abordada con diligencia y una comprensión sólida de las dinámicas del mercado, puede proporcionar a los inversionistas una herramienta distintiva en su arsenal financiero.

Importancia de Comprender la Venta en Corto

En el paisaje siempre cambiante de los mercados financieros, donde la dinámica y la complejidad reinan, los inversionistas se encuentran navegando entre una variedad de estrategias para resguardar y mejorar sus carteras. Entre estas estrategias, la comprensión de la venta en corto emerge como una habilidad crucial, proporcionando a los inversionistas una perspectiva matizada y la capacidad de tomar decisiones informadas. Exploremos la importancia de comprender la mecánica de la venta en corto en el entorno financiero actual:

1. Diversificación de Estrategias de Inversión

Comprender la venta en corto añade una dimensión valiosa al arsenal de un inversionista, permitiendo la diversificación más allá de las estrategias tradicionales de solo largo. Al incorporar técnicas de venta en corto, los inversionistas obtienen la flexibilidad para obtener ganancias no solo en alzas del mercado, sino también en declives. Esta diversificación mejora la resistencia de las carteras ante condiciones cambiantes del mercado.

2. Mitigación de Riesgos y Protección de la Cartera

La venta en corto sirve como una herramienta de mitigación de riesgos. En momentos de incertidumbre del mercado o tendencias bajistas, la capacidad de obtener ganancias de la caída de los precios de los activos actúa como un seguro, ofreciendo un contrapeso a las posibles pérdidas en posiciones largas. Los inversionistas que comprenden la venta en corto pueden desplegar estratégicamente esta técnica para proteger sus carteras de declives significativos.

3. Mayor Conciencia del Mercado

Entender las mecánicas de la venta en corto cultiva una conciencia aguda de las dinámicas del mercado. Los inversionistas se sintonizan no solo con los factores que influyen en los valores de los activos al alza, sino también con aquellos que contribuyen a posibles declives. Esta comprensión integral capacita a los inversionistas para tomar decisiones proactivas basadas en una vista holística de las condiciones del mercado.

4. Toma de Decisiones Informadas

A medida que los mercados financieros continúan evolucionando, la habilidad para tomar decisiones informadas se vuelve crucial. Los inversionistas que comprenden la venta en corto pueden navegar las complejidades tanto de escenarios de mercado alcistas como bajistas. Este conocimiento les permite ingresar y salir estratégicamente de posiciones, optimizando sus decisiones de inversión para una efectividad máxima.

5. Adaptabilidad a las Tendencias del Mercado

La destreza en la venta en corto fomenta la adaptabilidad a las tendencias cambiantes del mercado. Los inversionistas pueden ajustar sus estrategias según indicadores económicos en evolución, desarrollos geopolíticos y factores específicos de la industria. Esta adaptabilidad asegura que los inversionistas no dependan únicamente de enfoques de inversión tradicionales, sino que puedan ajustar sus posiciones para capitalizar oportunidades emergentes o mitigar riesgos.

6. Evaluación de Riesgo y Recompensa

Entender la venta en corto facilita una evaluación matizada de riesgo y recompensa. Los inversionistas pueden evaluar los posibles riesgos asociados con la venta en corto, como las pérdidas ilimitadas, y sopesarlos frente a las posibles recompensas. Este enfoque consciente del riesgo guía a los inversionistas para tomar decisiones equilibradas que se alinean con su tolerancia al riesgo y sus objetivos financieros generales.

7. Prevención de la Sobrevaloración y Burbujas

La venta en corto desempeña un papel crucial en prevenir la sobrevaloración del mercado y la formación de burbujas de activos. Los inversionistas competentes en la venta en corto pueden actuar como un control contra la exuberancia irracional, contribuyendo a la eficiencia del mercado. Esta comprensión promueve un ecosistema financiero más saludable y sostenible.

La importancia de entender la venta en corto se extiende más allá de su papel como estrategia; se convierte en una herramienta para que los inversionistas naveguen las complejidades de los mercados financieros modernos. A medida que los mercados continúan evolucionando, aquellos equipados con el conocimiento de las mecánicas de la venta en corto están mejor posicionados para adaptarse, mitigar riesgos y tomar decisiones informadas que contribuyan al éxito a largo plazo de sus carteras de inversión.

PARTE 2

MECANISMO DE VENTA EN CORTO

La venta en corto opera como una maniobra financiera que implica un conjunto distintivo de pasos, creando una danza estratégica con las dinámicas del mercado. Este mecanismo ofrece a los inversionistas la oportunidad de obtener ganancias a partir de la caída de los precios de los activos. Adentrémonos en las complejidades de cómo funciona la venta en corto:

¿Cómo comenzar a vender en corto?

1. Identificación del Activo
El viaje hacia la venta en corto comienza con el inversionista identificando un activo específico, a menudo acciones, que creen que está sobrevalorado o listo para experimentar un descenso en su precio. Esta selección se basa en una investigación exhaustiva, análisis del mercado y la convicción de que el valor del activo probablemente disminuirá en el futuro cercano.

2. Préstamo del Activo
Una vez identificado el activo objetivo, el inversionista se acerca a un corredor para pedir prestada una cantidad predeterminada del activo elegido. Este proceso de préstamo se facilita a través de una cuenta de margen, donde el inversionista proporciona garantías para asegurar el préstamo. Los activos

prestados se transfieren rápidamente a la cuenta del inversionista.

3. Venta en el Mercado Abierto

Con los activos prestados en mano, el inversionista ingresa al mercado con la intención de venderlos. Esta acción de venta crea una posición corta, efectivamente apostando a que el precio del activo disminuirá. Los activos se venden a su valor de mercado actual, y los ingresos de esta venta quedan en manos del inversionista.

4. Anticipación de una Disminución en el Precio

La creencia central en la venta en corto radica en la anticipación de que el precio de los activos vendidos disminuirá. Esta anticipación es la fuerza impulsora detrás de toda la estrategia de venta en corto. Los inversionistas confían en su análisis de las tendencias del mercado, el rendimiento de la empresa y otros factores relevantes para hacer predicciones informadas sobre el valor futuro del activo.

5. Espera del Momento Óptimo

La paciencia se convierte en una virtud crucial en la venta en corto. El inversionista monitorea las condiciones del mercado, los indicadores económicos y cualquier factor que influya en el valor del activo. El objetivo es identificar el momento óptimo para recomprar los activos prestados a un precio más bajo. El tiempo es fundamental para maximizar las posibles ganancias.

6. Recompra a un Precio Más Bajo

Cuando se produce la disminución anticipada en el precio del activo, el inversionista vuelve a ingresar al mercado, esta vez para recomprar la misma cantidad de activos que fueron inicialmente prestados y vendidos. Los activos se recompran al precio de mercado actual, que es más bajo.

7. Devolución del Activo Prestado

Con los activos recomprados en mano, el inversionista los devuelve al corredor, completando la transacción de venta en corto. La devolución de los activos prestados cierra la posición corta. La ganancia o pérdida se calcula en función de la diferencia entre el precio de venta y el precio de recompra, teniendo en cuenta los costos de transacción y las tarifas.

En esencia, el mecanismo de venta en corto implica una interacción estratégica de préstamo, venta y recompra de activos con el objetivo de obtener ganancias a partir de una disminución en su valor de mercado. Este enfoque dinámico para los mercados exige una comprensión sofisticada de las tendencias del mercado, un cronometraje meticuloso y una estrategia disciplinada para navegar con éxito las complejidades de la venta en corto.

Partes Involucradas

Comprender las complejidades de la venta en corto requiere un vistazo más cercano a las principales partes involucradas en esta estrategia financiera. El proceso de venta en corto comprende al prestamista, prestatario y participantes del mercado, cada uno desempeñando un papel distintivo que contribuye a la dinámica general.

1. El Prestamista

El prestamista en una transacción de venta en corto suele ser una entidad que posee los activos que se están vendiendo en corto. Esto podría ser un inversionista individual, un inversionista institucional o incluso una firma de corretaje que actúa en nombre de sus clientes. El prestamista juega un papel crucial al prestar los valores al prestatario por un período especificado. A cambio, el prestamista a menudo recibe una tarifa, aumentando los ingresos generados de su cartera de inversiones.

2. El Prestatario

El prestatario, a menudo un inversionista institucional o un fondo de cobertura, es la parte que busca obtener ganancias a partir de la anticipada disminución en el valor de los activos prestados. Para participar en la venta en corto, el prestatario toma prestados los valores del prestamista, con la obligación de devolverlos en una fecha posterior. El prestatario tiene como objetivo vender estos activos prestados en el mercado abierto al precio de mercado actual, anticipando que su valor disminuirá. Una vez que el precio baja, el prestatario vuelve a comprar los activos a un costo menor, devolviéndolos al prestamista y embolsándose la diferencia como ganancia.

3. Participantes del Mercado

Además del prestamista y el prestatario, varios participantes del mercado están involucrados en el proceso de venta en corto. Estos participantes incluyen a otros inversionistas, traders y creadores de mercado que participan en la compra y venta de los valores prestados. Sus acciones influyen en la dinámica de oferta y demanda en el mercado, contribuyendo a los movimientos generales de precios del activo vendido en corto.

4. Cámaras de Compensación y Corredores

Las cámaras de compensación y los corredores desempeñan un papel crucial en facilitar y garantizar la ejecución sin problemas de las transacciones de venta en corto. Actúan como intermediarios, gestionando el intercambio de valores entre el prestamista y el prestatario, manejando el colateral y asegurando que la transacción cumpla con los requisitos regulatorios. Los corredores, por otro lado, asisten a los prestatarios en la búsqueda de valores disponibles para tomar prestados y ejecutar las operaciones necesarias.

5. Autoridades Regulatorias

Las autoridades regulatorias, como la Comisión de Valores y Bolsa (SEC) en Estados Unidos, supervisan y regulan las actividades de venta en corto. Establecen reglas y pautas para garantizar mercados justos y transparentes, evitando prácticas como la manipulación del mercado o el abuso de la estrategia de venta en corto.

Comprender los roles de estas partes clave es crucial para los inversionistas y participantes del mercado que buscan navegar las complejidades de la venta en corto. La colaboración e interacciones entre el prestamista, el prestatario y otros participantes del mercado crean un entorno dinámico que requiere una cuidadosa consideración y adhesión a los marcos regulatorios para la ejecución exitosa de estrategias de venta en corto.

Componentes clave de las ventas en corto

Para comprender las dinámicas operativas de la venta en corto, es crucial adentrarse en los componentes clave que conforman la base de esta intrincada estrategia financiera. Estos componentes abarcan diversos elementos, incluyendo cuentas de margen y colaterales, que desempeñan roles fundamentales en facilitar y regular las transacciones de venta en corto.

1. Cuentas de Margen

Las cuentas de margen son fundamentales para la venta en corto, permitiendo a los inversionistas tomar prestados fondos para financiar sus posiciones cortas. Cuando un inversionista participa en la venta en corto, típicamente abre una cuenta de margen con su corredor. Esta cuenta les permite tomar prestado dinero contra el valor de sus valores existentes, proporcionando el capital necesario para iniciar la venta en corto. Sin embargo, es importante destacar que operar con margen implica riesgos adicionales, ya que las pérdidas pueden superar la inversión inicial.

2. Colateral

El colateral sirve como seguridad para el prestamista en una transacción de venta en corto. Cuando un prestatario realiza una venta en corto, esencialmente está tomando prestadas acciones del prestamista con la promesa de devolverlas en una fecha posterior. Para asegurar este acuerdo, al prestatario a menudo se le exige proporcionar colateral, que puede ser en forma de efectivo, otros valores o incluso una parte de las ganancias generadas por la venta en corto. El colateral actúa como una protección para el prestamista, mitigando el riesgo asociado con la obligación del prestatario de devolver los valores prestados.

3. Costos de Préstamo

Los costos de préstamo son otro componente clave de la venta en corto. Dado que el prestatario esencialmente está alquilando los valores, a menudo incurre en tarifas por tomarlos prestados del prestamista. Estas tarifas, conocidas como la "tasa de interés corto" o "tasa de préstamo", son determinadas por la oferta y la demanda del mercado para los valores específicos que se están tomando prestados. Una alta demanda de una acción en particular puede resultar en mayores costos de préstamo.

4. Gestión de Riesgos

La gestión efectiva de riesgos es crucial en la venta en corto. Dado que las pérdidas potenciales en la venta en corto son teóricamente ilimitadas (ya que el precio del activo puede subir indefinidamente), los inversionistas deben emplear estrategias de mitigación de riesgos. Esto puede implicar establecer órdenes de stop-loss para cerrar automáticamente la posición corta si el precio del activo se mueve en su contra más allá de cierto punto, limitando las pérdidas potenciales.

5. Liquidez del Mercado

La liquidez del mercado es una consideración significativa en la venta en corto. Mercados altamente líquidos facilitan un proceso más fluido para ingresar y salir de posiciones cortas, reduciendo el riesgo de manipulación de precios. Por otro lado, los mercados ilíquidos pueden plantear desafíos, haciendo más difícil ejecutar operaciones a los precios deseados.

6. Cumplimiento Normativo

Adherirse a los requisitos normativos es piedra angular en la venta en corto. Organismos reguladores, como la SEC, han establecido reglas para garantizar mercados justos y transparentes. Los inversionistas que participan en la venta en corto deben cumplir con estas regulaciones para evitar la manipulación del mercado, mantener la integridad del mercado y proteger a todas las partes involucradas.

Explorar estos componentes clave proporciona información valiosa sobre las complejidades operativas de la venta en corto. Las cuentas de margen, el colateral, los costos de préstamo, la gestión de riesgos, la liquidez del mercado y el cumplimiento normativo conforman colectivamente el panorama dentro del cual se desarrollan las transacciones de venta en corto. Los inversionistas que navegan en el mundo de la venta en corto deben abordar estos componentes con prudencia para mitigar riesgos y optimizar sus estrategias de inversión.

PARTE 3

RIESGOS ASOCIADOS CON LAS VENTA EN CORTO

Ingresar en la venta en corto introduce a los inversionistas a un conjunto de desafíos, y en la vanguardia de estos desafíos se encuentra el riesgo inherente del mercado. Las dinámicas del mercado desempeñan un papel fundamental en determinar el éxito o fracaso de las estrategias de venta en corto, lo que hace imperativo que los inversionistas naveguen estos riesgos con precaución y perspicacia estratégica.

1. Impacto de la Volatilidad

Los mercados son inherentemente volátiles, y los vendedores en corto están expuestos a la naturaleza impredecible de los movimientos de precios. A diferencia de las posiciones largas tradicionales donde las pérdidas están limitadas a la inversión inicial, la venta en corto lleva el potencial de pérdidas ilimitadas. Las fluctuaciones de precios repentinas y significativas pueden llevar a pérdidas sustanciales para los vendedores en corto, especialmente si el mercado se mueve en contra de su dirección anticipada.

2. Sentimiento del Mercado

El éxito de la venta en corto está estrechamente vinculado al sentimiento del mercado. Si prevalece un sentimiento negativo, los vendedores en corto pueden encontrar condiciones favorables para beneficiarse de la caída de los precios de los activos. Sin embargo, cambios en el sentimiento, impulsados por eventos imprevistos o cambios en las condiciones económicas, pueden cambiar rápidamente la marea en contra de las posiciones cortas. Reconocer e interpretar el sentimiento del mercado es un desafío continuo para aquellos involucrados en la venta en corto.

3. Desafíos de Temporización

El adagio "el tiempo lo es todo" es especialmente cierto para la venta en corto. Los inversionistas deben prever con precisión cuándo el precio de un activo específico disminuirá. Error en el tiempo del mercado puede resultar en pérdidas significativas, ya que las posiciones cortas pueden permanecer abiertas por un período prolongado, acumulando pérdidas hasta que ocurra la disminución anticipada del precio. Este desafío de temporización agrega complejidad a las estrategias de venta en corto.

4. Preocupaciones de Liquidez

La liquidez, o la facilidad con la que un activo puede comprarse o venderse sin afectar su precio, es un factor crítico en la venta en corto. Los mercados ilíquidos pueden amplificar los movimientos de precios y dificultar que los vendedores en corto ejecuten operaciones a los precios deseados. Además, la baja liquidez puede llevar a mayores costos de préstamo, afectando la viabilidad general de la venta en corto.

5. Eventos Imprevistos

Los vendedores en corto son vulnerables a eventos inesperados que pueden alterar rápidamente las dinámicas del mercado. Choques económicos, eventos geopolíticos o cambios repentinos en los fundamentos de una empresa pueden desencadenar movimientos de precios imprevistos, tomando desprevenidos a los vendedores en corto. Adaptarse y gestionar estos eventos imprevistos requiere un nivel de agilidad y resistencia en las estrategias de venta en corto.

6. Cambios Regulatorios

Los marcos regulatorios que rigen los mercados financieros están sujetos a cambios. Alteraciones en las reglas relacionadas con la venta en corto pueden afectar la viabilidad y legalidad de las estrategias establecidas. Los vendedores en corto deben mantenerse al tanto de los desarrollos regulatorios y adaptar sus enfoques para cumplir con las regulaciones de mercado en evolución.

7. Estrangulamientos de Corto

Los estrangulamientos de corto ocurren cuando una acción muy vendida experimenta un rápido aumento de precio, obligando a los vendedores en corto a cubrir sus posiciones recomprando acciones. Este aumento repentino en la actividad de compra puede intensificar los picos de precios, llevando a pérdidas sustanciales para los vendedores en corto que se ven obligados a salir de sus posiciones a precios más altos.

Navegar el riesgo del mercado en la venta en corto exige una comprensión integral de los mercados financieros, una aguda conciencia de los factores económicos globales y la capacidad para adaptarse rápidamente a condiciones cambiantes. Si bien las recompensas potenciales de una venta en corto exitosa pueden ser significativas, los riesgos del mercado asociados subrayan la importancia de un enfoque bien investigado, estratégico y disciplinado para los inversionistas que se aventuran en este terreno complejo.

Pérdidas Ilimitadas

En el ámbito de la venta en corto, un riesgo inherente se destaca claramente en comparación con la inversión tradicional: la perspectiva de pérdidas ilimitadas. A diferencia de los riesgos estructurados y limitados asociados con las estrategias de inversión convencionales, la venta en corto presenta un desafío único donde las pérdidas pueden teóricamente extenderse infinitamente. Reconocer y mitigar este riesgo es primordial, requiriendo prácticas meticulosas de gestión de riesgos para los inversionistas que se aventuran en el mundo de la venta en corto.

1. La Naturaleza de Pérdidas Ilimitadas

La venta en corto implica tomar prestados activos con la expectativa de que su valor disminuirá. Sin embargo, si el mercado se mueve en contra del vendedor en corto, el potencial de pérdidas no está limitado. A diferencia de comprar una acción donde la pérdida máxima es la inversión inicial, la venta en corto expone a los inversionistas a un escenario donde el precio del activo puede aumentar indefinidamente, llevando a pérdidas en aumento.

2. Amplificación del Riesgo

La naturaleza de pérdidas ilimitadas en la venta en corto se ve amplificada por el concepto de apalancamiento. Los inversionistas a menudo utilizan fondos prestados (margen) para participar en la venta en corto, aumentando el tamaño de su posición. Si bien el apalancamiento puede magnificar las ganancias, también intensifica las pérdidas. Si el mercado se mueve en contra de las expectativas del vendedor en corto, los fondos prestados contribuyen al crecimiento exponencial de las pérdidas potenciales.

3. Reversiones del Mercado

La venta en corto se basa en predicciones precisas de los movimientos del mercado. En caso de una reversión del mercado repentina e inesperada, los vendedores en corto pueden encontrarse en una posición precaria. A medida que los precios suben, las pérdidas para los vendedores en corto se acumulan, y la ausencia de un límite superior amplifica el impacto financiero.

4. Riesgo de Temporización

El tiempo es crucial en la venta en corto, y un error en el cronometraje del mercado puede resultar en pérdidas sustanciales. Cuanto más tiempo permanece abierta una posición corta, mayor es la exposición a pérdidas ilimitadas. Incluso un aumento temporal en el precio del activo puede provocar importantes contratiempos financieros para el vendedor en corto.

5. Imperativo de Gestión de Riesgos

Dada la posibilidad de pérdidas ilimitadas, la gestión de riesgos efectiva se vuelve innegociable para aquellos involucrados en la venta en corto. Establecer órdenes de stop-loss claras, que cierren automáticamente una posición corta si las pérdidas alcanzan un umbral predeterminado, es una estrategia fundamental de mitigación de riesgos. Estas órdenes actúan como mecanismos protectores, limitando la exposición a consecuencias financieras catastróficas.

6. Monitoreo Constante

Los vendedores en corto deben monitorear constantemente las condiciones del mercado, los fundamentos de las empresas y las tendencias económicas más amplias. La evaluación continua ayuda a identificar riesgos potenciales y promueve ajustes oportunos a las posiciones cortas. Mantenerse alerta ante cambios en las dinámicas del mercado es fundamental para evitar una exposición prolongada al riesgo de pérdidas ilimitadas.

7. Diversificación como Salvaguardia
La diversificación en diferentes activos y mercados puede actuar como una salvaguardia contra el riesgo de pérdidas ilimitadas. Distribuir las actividades de venta en corto en una cartera bien diversificada ayuda a mitigar el impacto de movimientos de precios adversos en un solo activo.

El riesgo de pérdidas ilimitadas en la venta en corto subraya la necesidad de prácticas disciplinadas de gestión de riesgos. Los inversionistas deben abordar la venta en corto con un conocimiento profundo de los riesgos asociados, emplear estrategias efectivas de mitigación de riesgos y permanecer adaptables en respuesta a condiciones del mercado cambiantes. Si bien las recompensas potenciales pueden ser atractivas, reconocer y abordar el desafío de pérdidas ilimitadas es esencial para estrategias de venta en corto responsables e informadas.

Riesgos de tiempo

En la intrincada danza de la venta en corto, el elemento del tiempo asume una importancia primordial. Navegar con éxito las olas de los movimientos del mercado exige un agudo sentido del tiempo. Equivocarse en estos movimientos puede traducirse rápidamente en pérdidas financieras sustanciales para aquellos involucrados en la venta en corto, subrayando la naturaleza crítica de dominar los matices temporales dentro de esta estrategia de inversión.

1. Sensibilidad a las Tendencias del Mercado
La venta en corto es inherentemente sensible a las tendencias del mercado, y el tiempo es el pivote que determina el éxito o el fracaso. El objetivo es iniciar posiciones cortas cuando una disminución en los precios de los activos es inminente. Sin embargo, los mercados son dinámicos, influenciados por una miríada de factores, y predecir el momento preciso en que ocurrirá una disminución de precios es un desafío intrincado.

2. Complejidad de la Temporización del Mercado

La complejidad de la temporización del mercado se ve exacerbada por la naturaleza impredecible de los mercados financieros. Indicadores económicos, eventos geopolíticos y desarrollos imprevistos pueden cambiar rápidamente las dinámicas del mercado. Los vendedores en corto deben navegar estas incertidumbres, intentando cronometrar sus entradas y salidas con precisión para maximizar ganancias y minimizar pérdidas.

3. Temporización a Corto Plazo vs. Largo Plazo

La venta en corto introduce el desafío de distinguir entre movimientos a corto y largo plazo en el mercado. Juzgar incorrectamente la duración de una tendencia a la baja puede llevar a salidas prematuras o entradas tardías, ambas pueden resultar en contratiempos financieros. El delicado equilibrio entre las fluctuaciones a corto plazo y las tendencias generales del mercado requiere una comprensión matizada del comportamiento del mercado.

4. Impacto del Sentimiento del Mercado

El sentimiento del mercado juega un papel significativo en los riesgos temporales. Cambios en el sentimiento de los inversionistas pueden desencadenar cambios abruptos en las direcciones del mercado. Los vendedores en corto deben evaluar e interpretar el sentimiento con precisión, anticipando cambios potenciales que puedan afectar el momento de sus posiciones cortas.

5. Influencia de Factores Externos

Factores externos, como datos económicos, eventos geopolíticos o desarrollos corporativos, pueden ejercer efectos repentinos y profundos en las dinámicas del mercado. Los vendedores en corto deben estar vigilantes, considerando estos factores externos en sus estrategias de temporización para evitar sorpresas causadas por eventos inesperados.

6. Mitigación de Riesgos a Través de la Investigación

La investigación exhaustiva y el análisis actúan como herramientas poderosas para mitigar los riesgos temporales. Realizar un análisis fundamental y técnico integral permite a los vendedores en corto hacer predicciones informadas sobre los movimientos del mercado. Cuanto más informada sea la estrategia de temporización, mejor posicionado estará el inversionista para navegar las complejidades de la venta en corto.

7. Monitoreo Continuo

Dada la naturaleza fluida de los mercados financieros, los vendedores en corto deben participar en un monitoreo continuo. Reevaluar regularmente las condiciones del mercado y ajustar las estrategias de temporización en respuesta a variables cambiantes es fundamental para minimizar los riesgos temporales. Este enfoque proactivo permite la toma de decisiones ágiles y reduce la probabilidad de una exposición prolongada a movimientos adversos del mercado.

El desafío de la temporización en la venta en corto exige una combinación de habilidad, investigación y adaptabilidad. Los inversionistas deben reconocer las complejidades del comportamiento del mercado, mantenerse atentos a las condiciones en evolución y refinar continuamente sus estrategias de temporización. Aunque dominar la temporización en la venta en corto es sin duda una tarea formidable, las recompensas potenciales para aquellos que navegan estos riesgos con destreza pueden ser sustanciales.

Riesgos Regulatorios

En medio de las complejidades de la venta en corto, los inversionistas enfrentan una categoría distinta de riesgos derivados del panorama regulatorio. Navegar el marco regulatorio no es simplemente un ejercicio de cumplimiento; es un aspecto crítico de la gestión de los riesgos inherentes asociados con la venta en corto. Cambios en las reglas y regulaciones pueden impactar significativamente la viabilidad y legalidad de las estrategias de venta en corto, requiriendo que los inversionistas se mantengan alerta y se adapten a entornos regulatorios en evolución.

1. Entorno Regulatorio Dinámico

Los marcos regulatorios que rigen los mercados financieros son dinámicos y están sujetos a revisiones frecuentes. Los vendedores en corto deben permanecer atentos a cambios en las reglas y regulaciones impuestas por organismos reguladores como la Comisión de Valores y Bolsa (SEC) en Estados Unidos o autoridades equivalentes en otras jurisdicciones. Estos cambios pueden ir desde modificaciones en los requisitos de informes hasta cambios más sustanciales en la permisibilidad y restricciones de las actividades de venta en corto.

2. Impacto en la Viabilidad

Los cambios regulatorios tienen el potencial de alterar la viabilidad de ciertas estrategias de venta en corto. Nuevas restricciones o limitaciones impuestas por los reguladores pueden limitar la capacidad de los inversionistas para participar en tipos específicos de venta en corto o introducir requisitos adicionales, afectando el costo y los aspectos operativos de implementar posiciones cortas.

3. Cumplimiento Legal

La adhesión a los requisitos regulatorios es primordial para los vendedores en corto. La falta de cumplimiento con las reglas establecidas puede resultar en consecuencias legales, incluyendo multas y penalidades. Los inversionistas deben estar informados sobre el marco legal en el que operan, asegurándose de que sus actividades de venta en corto se alineen con las regulaciones actuales para mitigar los riesgos legales.

4. Obligaciones de Informes

Con frecuencia, los organismos reguladores imponen obligaciones de informes a los vendedores en corto. Esto incluye la divulgación de posiciones cortas y otra información relevante a

las autoridades del mercado. Cambios en los requisitos de informes pueden impactar la transparencia y las prácticas de divulgación de los vendedores en corto, influyendo en las percepciones de los participantes del mercado y afectando potencialmente el éxito de las estrategias de venta en corto.

5. Variaciones Regulatorias Globales

Las actividades de venta en corto pueden extenderse a través de mercados globales, cada uno gobernado por su propio marco regulatorio. Los inversionistas involucrados en la venta en corto transfronteriza deben lidiar con variaciones regulatorias, requiriendo una comprensión matizada de las diversas reglas y estándares de cumplimiento en cada jurisdicción. Armonizar estrategias de venta en corto con los requisitos regulatorios globales se vuelve imperativo en tales escenarios.

6. Percepción Pública y Escrutinio Regulatorio

La venta en corto ha enfrentado, en ocasiones, el escrutinio de los organismos reguladores y la opinión pública. Cambios regulatorios influenciados por el sentimiento público pueden impactar la permisibilidad y condiciones de la venta en corto. Los inversionistas deben navegar no solo el texto de la ley, sino también el sentimiento más amplio y el clima político en torno a las actividades de venta en corto.

7. Medidas Proactivas de Cumplimiento

Mitigar los riesgos regulatorios requiere un enfoque proactivo hacia el cumplimiento. Los inversionistas deben implementar controles internos robustos y medidas de cumplimiento, asegurándose de que sus actividades de venta en corto estén alineadas con las regulaciones vigentes. Revisiones y actualizaciones regulares a los protocolos de cumplimiento son cruciales en un panorama donde los cambios regulatorios pueden ocurrir con relativa frecuencia.

Los riesgos regulatorios en la venta en corto subrayan la importancia de la vigilancia, la adaptabilidad y una comprensión aguda del panorama legal. Los inversionistas deben monitorear y cumplir proactivamente con los cambios regulatorios, reconociendo que una gestión efectiva de riesgos se extiende más allá de las dinámicas del mercado para incluir el entorno regulatorio en constante evolución. Manteniéndose informados y siendo receptivos, los inversionistas pueden navegar los desafíos planteados por los riesgos regulatorios en el ámbito de la venta en corto.

PARTE 4

BENEFICIOS Y CONTROVERSIAS

Cobertura contra las caídas del mercado

En el dinámico panorama de los mercados financieros, donde las incertidumbres y las caídas son inevitables, la venta en corto surge como una herramienta estratégica, ofreciendo una ventaja única como cobertura contra las caídas del mercado. Mientras que las inversiones tradicionales pueden flaquear durante condiciones adversas del mercado, la venta en corto proporciona a los inversionistas un mecanismo para potencialmente compensar pérdidas e incluso obtener beneficios en medio de climas económicos desafiantes.

1. Potencial de Beneficio Inverso
Uno de los principales beneficios de la venta en corto como cobertura es su potencial de beneficio inverso. Las inversiones tradicionales, como las posiciones largas en acciones, pueden incurrir en pérdidas cuando los valores del mercado disminuyen. La venta en corto permite a los inversionistas capitalizar la caída de los precios de los activos, generando ganancias a medida que el mercado experimenta una caída. Esta relación inversa mejora la resistencia general de una cartera de inversiones.

2. Estrategia de Diversificación

La venta en corto contribuye a la diversificación de la cartera, una estrategia fundamental de gestión de riesgos. Al incorporar posiciones cortas junto con posiciones largas tradicionales, los inversionistas pueden crear una cartera más equilibrada. Esta diversificación ayuda a mitigar el impacto de las caídas del mercado en el valor general de la cartera, ya que las ganancias de las posiciones cortas pueden compensar las pérdidas de las inversiones tradicionales.

3. Mitigación de Riesgos

Durante las caídas del mercado, muchos inversionistas presencian la erosión del valor en sus posiciones largas. La venta en corto ofrece una avenida única para la mitigación de riesgos. Al seleccionar estratégicamente activos para vender en corto, los inversionistas pueden crear un contrapeso para sus posiciones largas. Esta estrategia de cobertura actúa como una red de seguridad, limitando las posibles pérdidas durante condiciones turbulentas del mercado.

4. Beneficiarse de los Mercados Bajistas

Las inversiones tradicionales a menudo tienen dificultades en mercados bajistas, donde prevalece un pesimismo generalizado. La venta en corto permite a los inversionistas no solo proteger su cartera, sino también obtener beneficios del sentimiento negativo predominante. Vender en corto activos que experimentan caídas significativas puede generar rendimientos incluso cuando el mercado en general está en declive.

5. Asignación Estratégica de Activos

La venta en corto facilita la asignación estratégica de activos basada en las condiciones del mercado. Durante períodos de expansión económica y tendencias alcistas, los inversionistas pueden centrarse en posiciones largas tradicionales. En contraste, cuando surgen señales de una caída del mercado, la incorporación estratégica de posiciones cortas puede mejorar la flexibilidad general y la adaptabilidad de una estrategia de inversión.

6. Adaptabilidad a Cambios en las Condiciones Económicas

La capacidad de vender en corto proporciona a los inversionistas una herramienta para adaptarse a cambios en las condiciones económicas. Los ciclos económicos incluyen fases de expansión y contracción. La venta en corto capacita a los inversionistas para navegar activamente a través de estos ciclos, ajustando su cartera para alinearse con el sentimiento del mercado prevaleciente.

7. Gestión de Riesgos en Tiempos de Incertidumbre

Los tiempos económicos inciertos a menudo acompañan a las caídas del mercado. La venta en corto, como cobertura, se convierte en una valiosa herramienta de gestión de riesgos en tales períodos. Permite a los inversionistas adoptar una postura proactiva, identificando oportunidades para obtener beneficios de los mercados en declive mientras se resguardan contra posibles pérdidas en sus posiciones largas.

El papel de la venta en corto como cobertura contra las caídas del mercado destaca su importancia estratégica en la gestión de riesgos. Al incorporar posiciones cortas, los inversionistas pueden diversificar sus carteras, obtener potencialmente beneficios de mercados bajistas y navegar las complejidades de condiciones económicas fluctuantes. Esta adaptabilidad posiciona a la venta en corto como una herramienta valiosa para los inversionistas que buscan proteger y optimizar sus carteras frente a las incertidumbres del mercado.

Preocupaciones Éticas

Si bien la venta en corto proporciona a los inversionistas herramientas estratégicas para navegar los mercados financieros, no está exenta de consideraciones éticas. La práctica a menudo genera debates sobre la moralidad de obtener ganancias a expensas de la desgracia financiera de otros, planteando preguntas importantes sobre las implicaciones éticas incorporadas en las estrategias de venta en corto.

1. Obtención de Ganancias a Expensas de las Pérdidas de Otros

Una de las principales preocupaciones éticas asociadas con la venta en corto gira en torno a la noción de obtener ganancias a expensas de las pérdidas de otros. En una venta en corto, las ganancias para el vendedor en corto suelen traducirse en pérdidas para la entidad o individuo que posee los valores prestados. Los críticos argumentan que esta dinámica de beneficio introduce un dilema moral, ya que parece capitalizar la desgracia financiera de otros.

2. Alegaciones de Manipulación del Mercado

La venta en corto ha sido acusada, en ocasiones, de contribuir a la manipulación del mercado. Los críticos sostienen que actividades coordinadas de venta en corto pueden impulsar artificialmente a la baja el precio de un activo específico, llevando potencialmente a una profecía autocumplida donde el sentimiento negativo genera el mismo resultado que los vendedores en corto están apostando. Esta percepción de manipulación plantea preocupaciones éticas sobre la equidad y la integridad del mercado.

3. Impacto en Empresas y Empleos

La venta en corto puede afectar a las empresas cuyas acciones son el objetivo. Una disminución significativa en los precios de las acciones puede afectar la salud financiera de estas empresas, llevando potencialmente a consecuencias como despidos o interrupciones en las operaciones. Consideraciones éticas entran en juego cuando los vendedores en corto navegan por la línea fina entre la búsqueda de ganancias financieras y el posible perjuicio a los medios de vida del mundo real de empleados y partes interesadas.

4. Asimetría de Información y Ventaja Injusta

Los debates éticos también se centran en torno a la asimetría de la información. Los vendedores en corto a menudo realizan investigaciones exhaustivas para identificar activos sobrevalorados. Los críticos argumentan que esta ventaja de información puede ser injusta, ya que los inversionistas minoristas o aquellos sin acceso a tales recursos pueden estar en desventaja. Esta preocupación ética cuestiona la equidad y la inclusividad de la participación en el mercado.

5. Fomentar un Sentimiento Negativo en el Mercado

El acto de vender en corto expresa inherentemente una visión bajista sobre activos específicos. Los críticos sostienen que la venta en corto generalizada puede contribuir a un sentimiento general negativo en el mercado, potencialmente influenciando a otros participantes del mercado y amplificando las caídas del mercado. Esto plantea preguntas éticas sobre la responsabilidad de los vendedores en corto en la formación de percepciones del mercado.

6. Respuestas Regulatorias y Límites Legales

Las respuestas regulatorias a la venta en corto a menudo implican un acto de equilibrio delicado. Los reguladores buscan abordar posibles abusos del mercado al tiempo que preservan la integridad de los mercados. Las consideraciones éticas surgen al determinar la adecuación de las medidas regulatorias y el establecimiento de límites legales que respalden la eficiencia del mercado y protejan contra prácticas no éticas.

7. Transparencia y Responsabilidad

Las prácticas éticas de venta en corto enfatizan la transparencia y la responsabilidad. Los inversionistas involucrados en la venta en corto deben ser transparentes sobre sus posiciones, cumplir con los requisitos reglamentarios de informes y actuar de manera responsable para prevenir posibles abusos. Mantener estos principios éticos contribuye a mantener la confianza e integridad del mercado.

Las preocupaciones éticas en torno a la venta en corto subrayan la necesidad de un enfoque matizado y fundamentado en principios hacia esta estrategia de inversión. Lograr un equilibrio entre la búsqueda de ganancias financieras y el mantenimiento de estándares éticos requiere una consideración reflexiva, transparencia y un diálogo continuo dentro de la comunidad financiera y los organismos reguladores. A medida que el panorama financiero evoluciona, abordar estas consideraciones éticas se vuelve integral para garantizar la práctica responsable y sostenible de la venta en corto en los mercados globales.

PARTE 5

EJEMPLOS DE VENTAS EN CORTO QUE SALIERON MAL

Fracasos famosos de ventas en corto

Explorar instancias históricas de fracasos en la venta en corto proporciona valiosas percepciones sobre las consecuencias de pasar por alto los riesgos asociados. Aunque la venta en corto puede ser una estrategia poderosa, la historia revela casos en los que destacados inversionistas y fondos de cobertura enfrentaron importantes contratiempos debido a cálculos erróneos, dinámicas del mercado o eventos inesperados.

1. El Aprieto Corto de Volkswagen (2008)

Uno de los fracasos más icónicos en la venta en corto ocurrió en 2008 cuando Porsche, en un giro sorprendente de los acontecimientos, reveló que tenía una participación significativa en Volkswagen. Esta revelación desencadenó un masivo aprieto corto, ya que los vendedores en corto se apresuraron a cubrir sus posiciones. El repentino aumento en la demanda de acciones de Volkswagen provocó un aumento sin precedentes en su precio, causando pérdidas sustanciales para aquellos que apostaron contra el fabricante de automóviles.

2. El Ascenso Notable de Tesla (2020)

Tesla, liderada por Elon Musk, experimentó un ascenso notable en 2020. Los vendedores en corto que apostaban en contra de la empresa de autos eléctricos enfrentaron enormes pérdidas a medida que el precio de las acciones de Tesla se disparaba. La influencia de Musk, el sentimiento positivo en torno a los vehículos eléctricos y el sólido desempeño financiero desafiaron las expectativas y dejaron a muchos vendedores en corto tratando de cubrir sus posiciones, subrayando los desafíos de apostar contra empresas de alto perfil.

3. La Saga de GameStop (2021)

La saga de GameStop en 2021 ejemplifica el poder de los inversionistas minoristas y los riesgos asociados con acciones fuertemente vendidas. Una comunidad en línea de inversionistas individuales, coordinada a través de plataformas como WallStreetBets de Reddit, impulsó colectivamente el precio de las acciones de GameStop, infligiendo pérdidas sustanciales a los vendedores en corto institucionales. El evento destacó la imprevisibilidad de los movimientos de inversionistas minoristas y el potencial de aprietos cortos.

4. Batalla de Herbalife (2012-2018)

La batalla de Herbalife entre el inversionista activista Bill Ackman e inversionista Carl Icahn mostró las complejidades de la venta en corto en el contexto de una disputa corporativa de alto perfil. Ackman declaró públicamente que Herbalife era un esquema piramidal e inició una masiva posición corta. Sin embargo, Icahn tomó la posición opuesta, llevando a un enfrentamiento público. A pesar de la persistencia de Ackman, las acciones de Herbalife no colapsaron como él predijo, resultando en pérdidas significativas para su fondo de cobertura.

5. Lehman Brothers (2008)

La venta en corto desempeñó un papel en los eventos previos a la crisis financiera de 2008, especialmente con instituciones como Lehman Brothers. Aunque algunos inversionistas lograron vender en corto las acciones de Lehman con éxito, la agitación del mercado y la subsiguiente quiebra de Lehman Brothers llevaron a desafíos sin precedentes. Los vendedores en corto enfrentaron tanto ganancias sustanciales como pérdidas en medio de los eventos tumultuosos de la crisis financiera.

6. Pasar por Alto Riesgos en la Burbuja Punto Com (2000)

Durante la era punto com, muchos vendedores en corto se enfocaron en acciones tecnológicas sobrevaloradas. Sin embargo, algunos no anticiparon el fervor especulativo que caracterizó el período. A medida que estalló la burbuja punto com, numerosos vendedores en corto enfrentaron desafíos, ya que los precios de las acciones desafiaron las valoraciones convencionales, llevando a pérdidas inesperadas.

Riesgo de Acciones Regulatorias

Los vendedores en corto también deben considerar el riesgo de acciones regulatorias que impacten sus posiciones. Instancias donde la escrutinio o intervenciones regulatorias en respuesta a actividades de venta en corto han ocurrido resaltan la necesidad de una evaluación exhaustiva y el cumplimiento de regulaciones.

Los famosos fracasos en la venta en corto sirven como relatos de advertencia para los inversionistas. Estas instancias históricas enfatizan la importancia de una evaluación meticulosa de riesgos, una investigación exhaustiva y una conciencia de las dinámicas generales del mercado. La venta en corto, aunque una estrategia potente, requiere una comprensión profunda de los riesgos involucrados, ya que pasar por alto estos riesgos puede llevar a pérdidas financieras sustanciales. Aprender de estos fracasos es esencial para cultivar un enfoque más matizado e informado de la venta en corto en el dinámico panorama financiero actual.

Lecciones aprendidas

Analizar los fracasos pasados en el ámbito de la venta en corto ofrece lecciones invaluables para los inversionistas contemporáneos que buscan navegar por las complejidades de los mercados financieros. Estas instancias históricas subrayan la importancia del ingenio estratégico, la gestión de riesgos y la adaptabilidad en la búsqueda de estrategias exitosas de venta en corto.

1. Anticipar la Imprevisibilidad

Una lección general es el reconocimiento de la imprevisibilidad del mercado. Los fracasos históricos en la venta en corto a menudo provienen de eventos imprevistos, cambios repentinos en el sentimiento o revelaciones no anticipadas. Los inversionistas contemporáneos deben reconocer la incertidumbre inherente en los mercados financieros e incorporar la imprevisibilidad en sus modelos de evaluación de riesgos.

2. Diversificar Estrategias de Venta en Corto

Los fracasos destacaron los riesgos asociados con un enfoque de talla única para la venta en corto. Los inversionistas deben diversificar sus estrategias de venta en corto, considerando factores como las condiciones del mercado, las clases de activos y la tolerancia al riesgo. Un enfoque bien diversificado puede ayudar a mitigar el impacto de eventos inesperados en el portafolio de venta en corto en general.

3. Adaptabilidad en Mercados Dinámicos

La venta en corto requiere adaptabilidad a las dinámicas cambiantes del mercado. Las lecciones de los fracasos enfatizan la necesidad de reevaluar y ajustar continuamente las posiciones cortas en respuesta a las cambiantes condiciones económicas, paisajes regulatorios y eventos inesperados. Los inversionistas que muestran adaptabilidad están mejor preparados para navegar por las complejidades de la venta en corto.

4. Debida Diligencia Exhaustiva

Los fracasos a menudo resultan de una investigación y debida diligencia inadecuadas. Los inversionistas contemporáneos deben realizar análisis exhaustivos de los activos que planean vender en corto, considerando factores tanto fundamentales como técnicos. Comprender los fundamentos de la empresa, las tendencias del mercado y los posibles catalizadores de movimientos de precios es crucial para tomar decisiones informadas de venta en corto.

5. La Gestión de Riesgos como Prioridad

La importancia de prácticas sólidas de gestión de riesgos no puede subestimarse. Las lecciones de los fracasos resaltan la importancia de establecer órdenes claras de stop-loss, diversificar los portafolios e incorporar estrategias de mitigación de riesgos. Priorizar la gestión de riesgos es clave para protegerse contra la posible desventaja inherente a la venta en corto.

6. Considerar Factores Conductuales

Factores conductuales, incluido el sentimiento del mercado y la influencia de los inversionistas minoristas, jugaron roles fundamentales en algunos fracasos de venta en corto. Los inversionistas contemporáneos deben estar atentos a los aspectos psicológicos de los participantes del mercado, reconociendo que el sentimiento y el comportamiento colectivo pueden afectar las posiciones cortas. Integrar el análisis conductual en los procesos de toma de decisiones mejora la efectividad de las estrategias de venta en corto.

7. Monitoreo Continuo y Supervisión

Los fracasos subrayan la necesidad de monitoreo continuo y supervisión de las posiciones cortas. Los mercados evolucionan y los desarrollos inesperados pueden surgir rápidamente. Los inversionistas contemporáneos deben permanecer vigilantes, reevaluar regularmente sus portafolios de venta en corto y mantenerse informados sobre posibles catalizadores que podrían impactar el éxito o el fracaso de las estrategias de venta en corto.

8. Navegar Prudentemente en el Paisaje Regulatorio

Las consideraciones regulatorias jugaron un papel en varios fracasos de venta en corto. Las lecciones aprendidas resaltan la importancia de navegar prudentemente en el paisaje regulatorio. Los inversionistas deben mantenerse informados sobre los cambios regulatorios, cumplir con los requisitos de informes y anticipar posibles respuestas regulatorias a las actividades de venta en corto.

Las lecciones aprendidas de los fracasos históricos en la venta en corto forman una guía crucial para los inversionistas contemporáneos. Al asimilar estas lecciones en su enfoque, los inversionistas pueden fortalecer sus estrategias, mejorar las prácticas de gestión de riesgos y navegar por las complejidades de la venta en corto con una perspectiva más informada y resiliente. A medida que los mercados financieros continúan evolucionando, estas lecciones sirven como faros de sabiduría para aquellos que buscan dominar el arte y la ciencia de la venta en corto.

PARTE 6

ESTRATEGIAS PARA MITIGAR LOS RIESGOS DE VENTA EN CORTO

Diversificación

La diversificación de la cartera se presenta como una estrategia probada y prudente para mitigar eficazmente los riesgos inherentes asociados con la venta en corto. Si bien la venta en corto puede ofrecer ventajas estratégicas, también expone a los inversionistas a desafíos únicos. La diversificación sirve como una poderosa herramienta de gestión de riesgos, permitiendo a los inversionistas dispersar su exposición en diversos activos y segmentos del mercado, reduciendo el impacto de movimientos desfavorables en cualquier posición individual.

1. Reducción del Riesgo de Concentración
La diversificación en el contexto de la venta en corto ayuda a aliviar el riesgo de concentración. Al distribuir las posiciones cortas en diferentes activos, industrias o sectores, los inversionistas evitan depender en exceso del rendimiento de un solo valor. Esta dispersión estratégica minimiza el impacto de desarrollos desfavorables en segmentos de mercado específicos, resguardando el conjunto de la cartera.

2. Equilibrio entre Perspectivas Alcistas y Bajistas

La venta en corto inherentemente refleja una perspectiva bajista sobre activos o mercados específicos. La diversificación permite a los inversionistas equilibrar su cartera general incorporando tanto posiciones largas como cortas. Este equilibrio les permite navegar tanto escenarios alcistas como bajistas del mercado, asegurando que el éxito de un aspecto de la cartera pueda compensar posibles pérdidas en el otro.

3. Diversificación por Sectores e Industrias

Además de equilibrar posiciones largas y cortas, la diversificación se extiende a sectores e industrias. Centrar posiciones cortas en una variedad de sectores reduce la exposición a desarrollos adversos específicos de una industria en particular. Reconoce que las condiciones económicas afectan a los sectores de manera diferente, proporcionando una cobertura contra desafíos específicos de un sector.

4. Diversificación Geográfica

La diversificación geográfica es otra faceta de una estrategia bien redondeada. La venta en corto en diferentes regiones geográficas ayuda a mitigar los riesgos asociados con recesiones económicas regionales, inestabilidad política o fluctuaciones de divisas. Una cartera globalmente diversificada agrega una capa de resistencia, ya que las condiciones económicas pueden variar significativamente entre fronteras.

5. Diversificación por Clases de Activos

Diversificarse entre clases de activos amplía el alcance de la mitigación de riesgos. Combinar posiciones cortas en acciones con otras clases de activos, como materias primas o divisas, reduce la vulnerabilidad a eventos específicos del mercado. La diversificación por clase de activo reconoce que varios instrumentos financieros responden de manera diferente a las condiciones económicas.

6. Diversificación Basada en Factores

La diversificación basada en factores implica considerar varios factores que influyen en los precios de los activos. Estos factores pueden incluir la capitalización de mercado, métricas de valoración o indicadores de impulso.

Al diversificar posiciones cortas basadas en múltiples factores, los inversionistas pueden mejorar su capacidad para adaptarse a las dinámicas cambiantes del mercado y reducir la exposición a riesgos asociados con un solo factor.

7. Ajuste Dinámico de la Cartera

La diversificación no es un concepto estático; requiere un ajuste dinámico de la cartera. Los inversionistas deben reevaluar regularmente sus posiciones cortas, teniendo en cuenta los cambios en las condiciones del mercado, las perspectivas económicas y los factores geopolíticos. Este enfoque proactivo garantiza que la cartera permanezca alineada con la tolerancia al riesgo del inversionista y las expectativas del mercado.

8. Optimización Riesgo-Retorno

La diversificación se trata en última instancia de optimizar el perfil riesgo-recompensa de una cartera. Si bien la venta en corto introduce riesgos específicos, una cartera diversificada tiene como objetivo encontrar un equilibrio, permitiendo a los inversionistas aprovechar las oportunidades del mercado mientras gestionan las posibles desventajas. El objetivo es lograr una estrategia de inversión más estable y resiliente.

La diversificación surge como una estrategia fundamental para los inversionistas que participan en la venta en corto. Al distribuir sistemáticamente la exposición en diferentes activos, sectores, geografías y factores, los inversionistas pueden navegar por los desafíos de la venta en corto mientras mejoran la solidez general de sus carteras de inversión. Este enfoque estratégico no solo mitiga los riesgos, sino que también posiciona a los inversionistas para adaptarse a la naturaleza dinámica e impredecible de los mercados financieros.

Órdenes de Stop-Loss

Implementar órdenes de stop-loss se presenta como una herramienta crucial de gestión de riesgos, especialmente en el contexto de la venta en corto. Este enfoque estratégico permite a los inversionistas limitar proactivamente posibles pérdidas, proporcionando un mecanismo para salir de posiciones antes de que ocurran daños significativos. Las órdenes de stop-loss son fundamentales para mitigar las incertidumbres inherentes de la venta en corto, ofreciendo un punto de salida predefinido que se alinea con la tolerancia al riesgo del inversionista.

1. Definición de Órdenes de Stop-Loss

Las órdenes de stop-loss son instrucciones predeterminadas para vender un activo cuando su precio alcanza un nivel especificado. En la venta en corto, esto significa cerrar automáticamente una posición corta si el precio del activo sube a un umbral predefinido. Al establecer órdenes de stop-loss claras y ejecutables, los inversionistas establecen una red de seguridad que se activa cuando el mercado se mueve en contra de sus posiciones cortas.

2. Limitar la Exposición a la Baja

Una de las principales ventajas de las órdenes de stop-loss es su papel en limitar la exposición a la baja. La venta en corto conlleva el riesgo de pérdidas ilimitadas si el precio del activo prestado sube indefinidamente. Las órdenes de stop-loss actúan como una medida de protección, desencadenando automáticamente el cierre de la posición corta cuando las pérdidas alcanzan un nivel predefinido. Este enfoque proactivo ayuda a los inversionistas a contener posibles contratiempos financieros.

3. Gestión de Riesgos Disciplinada

Las órdenes de stop-loss encarnan una gestión de riesgos disciplinada. Los inversionistas establecen estas órdenes en función de una cuidadosa evaluación de su tolerancia al riesgo y de las dinámicas específicas de las posiciones cortas. Esta disciplina asegura que las emociones y las fluctuaciones del mercado no impulsen decisiones impulsivas, fomentando un enfoque estructurado y principista para gestionar los riesgos de la venta en corto.

4. Adaptabilidad a la Volatilidad del Mercado

Los mercados pueden ser volátiles y la venta en corto implica navegar por movimientos de precios que no siempre se alinean con las predicciones. Las órdenes de stop-loss se adaptan a la volatilidad del mercado ajustándose a las condiciones prevalecientes. Ya sea desencadenadas por fluctuaciones repentinas del mercado o eventos inesperados, las órdenes de stop-loss proporcionan una respuesta dinámica a las cambiantes dinámicas del mercado.

5. Prevención de Decisiones Emocionales

La toma de decisiones emocionales es una trampa común en la inversión. Las órdenes de stop-loss actúan como barrera contra reacciones emocionales a los movimientos del mercado. Los inversionistas podrían sentirse tentados a aferrarse a posiciones perdedoras con la esperanza de una reversión del mercado. Sin embargo, las órdenes de stop-loss aplican una estrategia de salida racional y predefinida, evitando decisiones impulsadas por el miedo o la codicia.

6. Facilitación de la Ejecución Automatizada

Las órdenes de stop-loss facilitan la ejecución automatizada. Una vez que se alcanza el nivel de precio especificado, la orden se activa automáticamente, asegurando una ejecución rápida y sin problemas. Esta automatización es particularmente ventajosa en mercados de rápida evolución, donde los retrasos en la ejecución podrían agravar las pérdidas.

7. Personalización para Cada Posición

Los inversionistas pueden personalizar órdenes de stop-loss para cada posición corta, adaptándolas a las características únicas del activo y al apetito de riesgo del inversionista. Esta granularidad permite una aplicación estratégica y matizada de las órdenes de stop-loss en todo un portafolio corto diversificado.

8. Monitoreo Continuo y Ajuste

La efectividad de las órdenes de stop-loss depende del monitoreo continuo y el ajuste. Los inversionistas deben evaluar regularmente las condiciones del mercado y, si es necesario, ajustar los niveles de stop-loss en función de nueva información o dinámicas cambiantes. Esta gestión activa garantiza que las órdenes de stop-loss permanezcan alineadas con el panorama de mercado en evolución.

Implementing stop-loss orders is a fundamental risk management practice for investors engaged in short-selling. By establishing clear exit points and embracing disciplined risk management, investors can navigate the challenges of short-selling with greater confidence and resilience. Stop-loss orders represent a proactive and strategic tool that not only limits potential losses but also contributes to a more systematic and informed approach to short-selling in dynamic financial markets.

Investigación exhaustiva

La investigación exhaustiva se erige como una práctica fundamental para los inversionistas involucrados en ventas en corto. El éxito de las estrategias de venta en corto depende de una comprensión integral de la salud financiera de una empresa y de las tendencias del mercado en general. La investigación minuciosa no solo informa la decisión de iniciar una posición corta, sino que también sitúa a los inversionistas para navegar por las complejidades de la venta en corto con una conciencia elevada y perspicacia estratégica.

1. Análisis de la Salud Financiera

La investigación exhaustiva comienza con un análisis meticuloso de la salud financiera de la empresa seleccionada para la venta en corto. Los inversionistas examinan estados financieros, informes de flujo de efectivo y balances para evaluar la solvencia, rentabilidad y estabilidad financiera general de la empresa. Esta inmersión profunda proporciona perspectivas sobre posibles vulnerabilidades que podrían hacer que la empresa sea un candidato adecuado para la venta en corto.

2. Evaluación de Métricas de Rentabilidad

Las métricas de rentabilidad son componentes integrales de la investigación. Los vendedores en corto examinan métricas como los márgenes de beneficio, el retorno sobre el patrimonio (ROE) y las ganancias por acción (EPS). Estas métricas ofrecen una perspectiva matizada sobre la capacidad de la empresa para generar beneficios y su rendimiento financiero general. Desviaciones de estándares de la industria o promedios históricos pueden indicar posibles debilidades.

3. Comprensión de los Niveles de Deuda

Un aspecto crítico de la investigación implica comprender los niveles de deuda de la empresa objetivo. Los inversionistas evalúan la relación deuda-capital y las capacidades de servicio de la deuda de la empresa. Niveles elevados de deuda, especialmente cuando se combinan con condiciones de mercado desafiantes, pueden exponer a una empresa a tensiones financieras, haciéndola un candidato plausible para la venta en corto.

4. Tendencias del Mercado y Análisis de la Industria

La venta en corto exitosa requiere una vista holística de las tendencias del mercado y la dinámica de la industria. La investigación exhaustiva se extiende al análisis de tendencias económicas más amplias y a las condiciones específicas dentro de la industria en la que opera la empresa seleccionada. Una perspectiva negativa de la industria o desafíos sistémicos pueden respaldar aún más la justificación para iniciar posiciones cortas.

5. Monitoreo de Prácticas de Gestión

La investigación abarca una evaluación de las prácticas de gestión y la gobernanza corporativa. Los inversionistas escrutan las decisiones y estrategias implementadas por el liderazgo de la empresa. Instancias de gobernanza cuestionable o decisiones que puedan comprometer la sostenibilidad a largo plazo pueden influir en la decisión de buscar oportunidades de venta en corto.

6. Utilización del Análisis Técnico

El análisis técnico complementa la investigación fundamental al examinar movimientos de precios históricos y tendencias del mercado. Los vendedores en corto utilizan herramientas como gráficos, líneas de tendencia e indicadores técnicos para identificar posibles puntos de entrada y salida para posiciones cortas. El análisis técnico añade una dimensión cuantitativa a la investigación, mejorando la precisión en la toma de decisiones.

7. Evaluación del Interés Corto y Sentimiento

La investigación se extiende a evaluar el interés corto y el sentimiento general del mercado con respecto a la empresa seleccionada. Un alto interés corto puede indicar un consenso entre los inversionistas sobre posibles debilidades. Sin embargo, los inversionistas también deben estar al tanto de la naturaleza contraria de los mercados, donde un sentimiento excesivamente negativo podría llevar a "short squeezes" (aumentos bruscos en las acciones debido a la compra apresurada de posiciones cortas).

8. Análisis de Escenarios y Planificación de Contingencias

La investigación exhaustiva implica el análisis de escenarios y la planificación de contingencias. Los vendedores en corto anticipan varios escenarios, considerando resultados favorables y desfavorables. Este enfoque proactivo permite a los inversionistas adaptar sus estrategias según las condiciones del mercado en evolución, minimizando el impacto de eventos imprevistos.

9. Flujo Continuo de Información

La investigación no es un esfuerzo único, sino un proceso continuo. Los vendedores en corto se mantienen atentos a noticias, actualizaciones del mercado y desarrollos corporativos que puedan impactar sus posiciones. El flujo continuo de información asegura que las posiciones cortas se alineen con la última inteligencia de mercado y las circunstancias cambiantes.

La investigación exhaustiva es el fundamento de una venta en corto exitosa. Los inversionistas que se comprometen con una comprensión integral del panorama financiero, las tendencias del mercado y la dinámica de la industria se posicionan para tomar decisiones informadas. Más allá de iniciar posiciones cortas, la investigación continua permite a los inversionistas adaptarse a condiciones cambiantes, navegar por incertidumbres y optimizar sus estrategias de venta en corto para un éxito sostenido en el dinámico ámbito de los mercados financieros.

PARTE 7

VENTA EN CORTO EN DISTINTOS MERCADOS

Venta en corto en los mercados de valores

Comprender cómo funciona la venta en corto en los mercados bursátiles es esencial para los inversionistas en acciones que buscan una comprensión integral de la dinámica del mercado. La venta en corto, una práctica matizada y estratégica, implica vender valores prestados con la anticipación de que sus precios disminuirán, lo que permite al inversionista recomprarlos a un costo menor. Este proceso proporciona conocimientos únicos sobre el comportamiento del mercado y ofrece tanto riesgos como oportunidades para los inversionistas que navegan por el mundo de las acciones.

1. Inicio de una Posición Corta
La venta en corto en los mercados bursátiles comienza con el inicio de una posición corta. Un inversionista toma prestadas acciones de un corredor y las vende en el mercado abierto. El objetivo es recomprar las mismas acciones en una fecha posterior, idealmente a un precio más bajo, y devolverlas al prestamista, obteniendo ganancias de la diferencia de precio.

2. Dinámica del Mercado y Anticipación de la Caída de Precios
Los vendedores en corto analizan activamente la dinámica del mercado y

evalúan factores que pueden contribuir a la caída del precio de una acción. Este análisis puede implicar investigación fundamental, análisis técnico y comprensión de tendencias económicas más amplias. Los vendedores en corto anticipan las caídas de precios y cronometran estratégicamente sus posiciones cortas para capitalizar los movimientos del mercado.

3. Escenario de Riesgo y Recompensa

La venta en corto introduce un escenario distintivo de riesgo y recompensa para los inversionistas. Mientras existe el potencial de obtener ganancias si el precio de la acción disminuye, el riesgo es ilimitado si el precio sube. Los inversionistas deben gestionar cuidadosamente sus posiciones, utilizando estrategias de mitigación de riesgos como órdenes de stop-loss para limitar posibles pérdidas.

4. Asunción del Costo del Préstamo

La venta en corto implica tomar prestadas acciones, y este préstamo tiene un costo. Los inversionistas que participan en la venta en corto suelen pagar tarifas por el préstamo de acciones, lo que contribuye al costo general de la posición corta. El costo del préstamo es un factor adicional que los inversionistas deben considerar al evaluar la viabilidad de las estrategias de venta en corto.

5. Aprietos Cortos y Volatilidad del Mercado

Las actividades de venta en corto pueden contribuir a la volatilidad del mercado y, en ocasiones, provocar aprietos cortos. Un aprieto corto ocurre cuando el precio de una acción fuertemente vendida en corto aumenta bruscamente, llevando a los vendedores en corto a cubrir sus posiciones recomprando acciones. Esta prisa por cubrir posiciones puede aumentar aún más el precio de la acción, creando un ciclo volátil.

6. Marco Regulatorio

La venta en corto está sujeta a marcos regulatorios diseñados para mantener la integridad del mercado. Las regulaciones pueden incluir requisitos de divulgación, restricciones sobre la venta en corto "al descubierto" (venta de acciones sin haberlas tomado prestadas en realidad) y medidas para abordar posibles abusos del mercado. Los inversionistas que participan en la venta en corto deben cumplir con estas regulaciones.

7. Impacto en la Eficiencia del Mercado

La venta en corto juega un papel en la eficiencia del mercado al contribuir a la formación de precios. Los vendedores en corto, a través de su análisis y acciones, proporcionan un contrapeso a los sentimientos optimistas del mercado. Esta interacción dinámica entre posiciones largas y cortas contribuye a un mecanismo de fijación de precios más matizado y reflexivo en los mercados de acciones.

8. Rol en la Gestión Activa de Carteras

La venta en corto sirve como una herramienta para la gestión activa de carteras. Los inversionistas utilizan posiciones cortas para cubrirse contra las caídas del mercado, generar rendimientos en condiciones bajistas y diversificar sus carteras. Esta aplicación estratégica de la venta en corto se alinea con los objetivos más amplios de la gestión de carteras.

9. Valor Educativo para los Inversionistas

Comprender cómo funciona la venta en corto en los mercados bursátiles ofrece valor educativo para los inversionistas. Proporciona conocimientos sobre la psicología del mercado, estrategias de gestión de riesgos y la interacción entre diferentes participantes del mercado. Este conocimiento mejora la capacidad de los inversionistas para tomar decisiones informadas y navegar por las complejidades de los mercados de acciones.

10. Contribución a la Liquidez del Mercado

La venta en corto contribuye a la liquidez del mercado al aumentar el número de acciones disponibles para el comercio. Esta liquidez es esencial para el funcionamiento fluido de los mercados de acciones, permitiendo a los inversionistas comprar y vender acciones de manera más eficiente.

Comprender las complejidades de la venta en corto en los mercados bursátiles es crucial para los inversionistas en acciones. Va más allá de ser simplemente una estrategia de negociación, ofreciendo una comprensión más profunda de la dinámica del mercado, prácticas de gestión de riesgos y el papel de diferentes participantes del mercado. Armados con este conocimiento, los inversionistas pueden abordar el mundo de las acciones con una perspectiva más informada y estratégica, posicionándose para tomar decisiones bien calculadas en condiciones tanto alcistas como bajistas.

Venta en corto en los mercados de criptomonedas

El floreciente mercado de criptomonedas presenta desafíos y oportunidades únicas para los vendedores en corto, ofreciendo un panorama distintivo en comparación con los mercados de acciones tradicionales. La venta en corto en los mercados de criptomonedas implica apostar contra el valor de activos digitales, y comprender las complejidades de esta práctica es esencial para los inversionistas que buscan navegar en el mundo en evolución de las criptomonedas.

1. Dinámica de Activos Digitales

La venta en corto en los mercados de criptomonedas gira en torno a activos digitales como Bitcoin, Ethereum y una variedad de altcoins. A diferencia de las acciones tradicionales, estos activos digitales son descentralizados, sin fronteras y a menudo impulsados por avances tecnológicos, cambios regulatorios y el sentimiento de la comunidad. Los vendedores en corto deben comprender las dinámicas únicas que influyen en los precios de las criptomonedas.

2. Apalancamiento en Intercambios de Criptomonedas

La venta en corto de criptomonedas se facilita a través de intercambios de criptomonedas especializados. Los vendedores en corto toman prestados activos digitales de estas plataformas, los venden en el mercado y buscan recomprarlos a un precio más bajo. La disponibilidad de apalancamiento en ciertos intercambios mejora el potencial de ganancias, pero también amplifica los riesgos, lo que requiere una gestión de riesgos cautelosa.

3. Volatilidad como Constante

Los mercados de criptomonedas son conocidos por su volatilidad. Los precios pueden experimentar fluctuaciones significativas en lapsos cortos, creando tanto oportunidades como riesgos para los vendedores en corto. Comprender y aceptar la volatilidad inherente es crucial para idear estrategias efectivas de venta en corto en el espacio de las criptomonedas.

4. Aprietos Cortos y Desafíos de Liquidez

Los aprietos cortos, un fenómeno familiar en los mercados tradicionales, también ocurren en los mercados de criptomonedas. Aumentos rápidos de precios pueden forzar a los vendedores en corto a cubrir sus posiciones rápidamente, exacerbando los movimientos ascendentes de precios. Pueden surgir desafíos de liquidez, especialmente en altcoins menos líquidos, lo que afecta la capacidad para ejecutar operaciones de manera eficiente.

5. Dinámicas Regulatorias

Los mercados de criptomonedas operan en un entorno regulatorio dinámico. Cambios, anuncios o desarrollos regulatorios pueden impactar significativamente los precios. Los vendedores en corto deben estar al tanto de las dinámicas regulatorias a nivel global, considerando la posible influencia en el sentimiento del mercado y la viabilidad de las estrategias de venta en corto.

6. Factores Tecnológicos

Los avances tecnológicos juegan un papel fundamental en los mercados de criptomonedas. Cambios o mejoras en la tecnología blockchain, preocupaciones de seguridad o innovaciones en finanzas descentralizadas (DeFi) pueden influir en el valor de los activos digitales. Los vendedores en corto deben tener en cuenta el panorama tecnológico al evaluar posiciones cortas potenciales.

7. Sentimiento de la Comunidad

Los precios de las criptomonedas a menudo se ven influenciados por el sentimiento de la comunidad. Plataformas de redes sociales, foros y comunidades en línea desempeñan un papel crucial en la formación de percepciones y en la conducción de movimientos de precios. Los vendedores en corto deben monitorear y analizar el sentimiento de la comunidad para evaluar posibles cambios en la dinámica del mercado.

8. Diversificación en las Ventas Cortas de Criptomonedas

La diversificación sigue siendo una estrategia clave para los vendedores en corto en los mercados de criptomonedas. Dada la variedad de activos digitales disponibles, vender en corto una cartera diversificada puede ayudar a distribuir el riesgo. Sin embargo, es esencial considerar cuidadosamente las características únicas de cada activo para gestionar de manera efectiva las exposiciones.

9. Gestión de Riesgos en las Ventas Cortas de Criptomonedas

Las prácticas sólidas de gestión de riesgos son fundamentales en la venta en corto de criptomonedas. La volatilidad, el apalancamiento y la naturaleza 24/7 de los mercados de criptomonedas exigen una mitigación disciplinada de riesgos. Órdenes de stop-loss, dimensionamiento de posiciones y monitoreo continuo son componentes críticos de una gestión de riesgos efectiva en el espacio de las criptomonedas.

10. Evolución de los Derivados de Criptomonedas

La evolución de los derivados de criptomonedas, incluyendo futuros y opciones, ha ampliado el conjunto de herramientas para los vendedores en corto. Estos instrumentos ofrecen vías adicionales para expresar posiciones cortas, permitiendo a los inversionistas adaptar sus estrategias según las expectativas del mercado y las preferencias de riesgo.

La venta en corto en los mercados de criptomonedas es una práctica dinámica y en evolución que requiere una comprensión matizada de los activos digitales, los cambios tecnológicos y el sentimiento del mercado. Aunque presenta desafíos únicos, el espacio de las criptomonedas también ofrece oportunidades para que los inversionistas capitalicen en los movimientos de precios y diversifiquen sus carteras. Armados con un profundo conocimiento del panorama de las criptomonedas, los vendedores en corto pueden navegar este mercado complejo con agilidad y perspicacia estratégica.

Venta en corto en bienes raíces

Los mercados inmobiliarios, generalmente asociados con la propiedad y las inversiones a largo plazo, no están exentos del ámbito de las estrategias de venta en corto. Explorar este nicho proporciona a los inversionistas una visión integral de las posibilidades de inversión, mostrando un enfoque distintivo para navegar por las complejidades del panorama inmobiliario.

1. La Esencia de la Venta en Corto en Bienes Raíces

La venta en corto en bienes raíces implica especular sobre la disminución del valor de una propiedad. A diferencia de las inversiones inmobiliarias tradicionales, donde los inversionistas buscan la apreciación de la propiedad, los vendedores en corto anticipan una disminución en los valores de las propiedades, lo que les permite obtener beneficios de la diferencia de precios.

2. Venta en Corto de Fideicomisos de Inversión en Bienes Raíces (REITs)

Los Fideicomisos de Inversión en Bienes Raíces (REITs) son comúnmente objetivos de los vendedores en corto. Los REITs son empresas que cotizan en bolsa y poseen, operan o financian bienes raíces productores de ingresos. Los vendedores en corto pueden realizar apuestas bajistas en los REITs, anticipando condiciones adversas del mercado que podrían afectar los activos inmobiliarios subyacentes.

3. Utilización de Derivados Inmobiliarios

La venta en corto en bienes raíces se facilita a través de derivados, incluidas opciones y futuros inmobiliarios. Estos instrumentos financieros permiten a los inversionistas expresar opiniones bajistas sobre los mercados inmobiliarios sin poseer directamente la propiedad física. Los derivados inmobiliarios ofrecen flexibilidad y apalancamiento para estrategias de venta en corto.

4. Indicadores Económicos y de Mercado

Los vendedores en corto en bienes raíces monitorean de cerca los indicadores económicos y de mercado. Factores como las tasas de interés, los niveles de empleo y las tendencias del mercado de viviendas influyen en los valores de las propiedades. Un análisis exhaustivo de estos indicadores guía a los vendedores en corto para identificar posibles oportunidades y riesgos dentro del sector inmobiliario.

5. Identificación de Mercados Sobreevaluados

La venta en corto en bienes raíces a menudo implica identificar mercados sobreevaluados. Los vendedores en corto examinan los mercados inmobiliarios donde los precios pueden estar inflados en relación con los fundamentos económicos. Este análisis puede incluir factores como especulación excesiva, altos niveles de deuda o apreciación de precios insostenible.

6. Evaluación de Tendencias Macroeconómicas y Microeconómicas

El éxito en la venta en corto de bienes raíces requiere una evaluación integral de las tendencias macro y microeconómicas. Las tendencias macro, como los indicadores económicos nacionales, las políticas de tasas de interés y los cambios demográficos, interactúan con las tendencias micro, como las tasas de empleo locales y el suministro de viviendas, influyendo en los valores de las propiedades.

7. Sincronización del Mercado y Tendencias Cíclicas

La sincronización es crucial en la venta en corto de bienes raíces. Los inversionistas buscan capitalizar las tendencias cíclicas dentro de los mercados inmobiliarios. Identificar puntos de inflexión en el ciclo del mercado, como el pico de una burbuja inmobiliaria, permite a los vendedores en corto ingresar estratégicamente a posiciones antes de posibles declives.

8. Riesgos y Consideraciones

La venta en corto en bienes raíces conlleva riesgos inherentes. A diferencia de las acciones o criptomonedas, las propiedades físicas implican activos tangibles, lo que hace que el proceso de venta en corto sea más complejo. Los inversionistas deben considerar factores como el mantenimiento de la propiedad, los cambios regulatorios y la posibilidad de eventos imprevistos que afecten los valores de las propiedades.

9. Impacto de Factores Externos

Los vendedores en corto de bienes raíces están atentos al impacto de factores externos en los valores de las propiedades. Estos factores pueden incluir cambios en las leyes de zonificación, regulaciones ambientales o cambios en las economías locales. Las influencias externas pueden alterar la dinámica de los mercados inmobiliarios, creando oportunidades para estrategias de venta en corto.

10. Diversificación en las Ventas Cortas Inmobiliarias

La diversificación sigue siendo una estrategia fundamental para los vendedores en corto en bienes raíces. Al vender en corto diferentes tipos de propiedades, regiones o sectores inmobiliarios, los inversionistas pueden distribuir el riesgo y optimizar sus posiciones cortas en función de una comprensión matizada de las diversas dinámicas del mercado.

La venta en corto en bienes raíces introduce una dimensión matizada a las estrategias tradicionales de inversión en propiedades. Aunque menos común que en los mercados financieros, esta práctica permite a los inversionistas capitalizar opiniones bajistas y navegar por la naturaleza cíclica de los mercados inmobiliarios. Al aprovechar derivados, monitorear indicadores económicos e identificar mercados sobreevaluados, los vendedores en corto de bienes raíces contribuyen al paisaje diversificado de posibilidades de inversión.

PARTE 8

HISTORIAS REALES

Experiencias de inversionistas con ventas en corto

Embarcarse en la travesía de la venta en corto es similar a navegar por aguas desconocidas, y las historias de inversionistas que han atravesado con éxito este terreno desafiante sirven como faros de inspiración y guía para aquellos que se aventuran en el mundo de las apuestas bajistas. Estos relatos de primera mano ofrecen un vistazo a la mentalidad, estrategias y sabiduría adquirida a pulso que definen las experiencias de los vendedores en corto exitosos.

1. Percepción del Riesgo e Instinto
Los vendedores en corto experimentados a menudo enfatizan el papel de la percepción intuitiva del riesgo. Escuchar cómo los inversionistas exitosos desarrollaron un agudo sentido para identificar activos sobrevaluados, comprender la dinámica del mercado y evaluar posibles declives proporciona a los aspirantes a vendedores en corto valiosas ideas sobre los aspectos intuitivos de la gestión del riesgo.

2. Investigación Profunda como Piedra Angular
A lo largo de estos relatos, un hilo común es el compromiso inquebrantable

con la investigación profunda. Los vendedores en corto exitosos destacan la importancia del análisis exhaustivo, examinando informes financieros, evaluando tendencias industriales y manteniéndose al tanto de factores macroeconómicos. Las experiencias resaltan que la investigación no es solo un paso, sino una piedra angular para estrategias efectivas de venta en corto.

3. Disciplina en la Ejecución

La venta en corto exige disciplina en la ejecución, y escuchar cómo los inversionistas se adhirieron a estrategias predefinidas, establecieron órdenes de stop-loss y resistieron impulsos emocionales agrega una capa de sabiduría práctica. Estas experiencias subrayan la importancia de mantener un enfoque estructurado incluso frente a las fluctuaciones del mercado.

4. Paciencia en Medio de la Volatilidad del Mercado

Los relatos profundizan en la virtud de la paciencia al participar en la venta en corto. Los inversionistas cuentan instancias en las que resistieron la volatilidad del mercado, permitiendo que sus apuestas bajistas se desarrollaran con el tiempo. La paciencia surge como un ingrediente vital para el éxito, contrarrestando la tentación de sucumbir al ruido a corto plazo del mercado.

5. Adaptabilidad a las Condiciones Cambiantes

Las historias de éxito en la venta en corto a menudo giran en torno a la adaptabilidad. Los inversionistas comparten cómo ajustaron sus estrategias a medida que evolucionaban las condiciones del mercado, demostrando la necesidad de flexibilidad. Estas experiencias destacan que la rigidez en la adherencia a un solo enfoque puede no ser suficiente en el dinámico panorama de la venta en corto.

6. Gestión del Riesgo y Planificación de Contingencias

La gestión del riesgo es un tema recurrente en estos relatos. Los vendedores en corto exitosos destacan la importancia de establecer umbrales de riesgo claros, utilizar órdenes de stop-loss e incorporar planes de contingencia. Aprendiendo de sus experiencias, los inversionistas enfatizan la necesidad de un marco robusto de gestión del riesgo para navegar las incertidumbres inherentes a la venta en corto.

7. Equilibrio entre Convicción y Humildad

Las experiencias de los vendedores en corto muestran un equilibrio delicado entre la convicción y la humildad. Los inversionistas comparten instancias donde la convicción inquebrantable en su análisis condujo a resultados rentables, pero también reconocen la humildad necesaria para reevaluar posiciones cuando se enfrentan a movimientos inesperados del mercado o nueva información.

8. Aprendizaje Continuo y Adaptación

El viaje de la venta en corto se caracteriza por un compromiso con el aprendizaje continuo. Los inversionistas cuentan cómo cada operación, ya sea exitosa o desafiante, contribuyó a su crecimiento. Estas experiencias subrayan que la capacidad para adaptarse, aprender de los errores y perfeccionar estrategias es esencial para la longevidad y el éxito en el campo.

9. Resiliencia Mental y Control Emocional

La venta en corto es una tarea mentalmente exigente, y los relatos profundizan en la importancia del control emocional. Los inversionistas comparten cómo desarrollaron resiliencia frente a las incertidumbres del mercado, contratiempos y los desafíos psicológicos asociados con apostar contra el optimismo convencional del mercado.

10. Compartir el Lado Humano de la Inversión

Más allá de estrategias y dinámicas de mercado, las experiencias compartidas por los inversionistas ofrecen una perspectiva humana sobre el mundo de la venta en corto. Estos relatos humanizan los aspectos a menudo complejos y técnicos de la inversión, haciendo que el viaje sea comprensible para aquellos que consideran o participan activamente en la venta en corto.

Las narrativas de inversionistas que han navegado con éxito por la venta en corto ofrecen más que simples percepciones financieras. Proporcionan un vistazo a los elementos humanos de la inversión, como el coraje, la resiliencia, la adaptabilidad y una sed perpetua de conocimiento. Los aspirantes a vendedores en corto pueden obtener inspiración y sabiduría práctica de estas experiencias, fomentando una comprensión más profunda de los desafíos y recompensas que caracterizan al mundo de las apuestas bajistas.

PARTE 9

MEDIDAS REGULATORIAS Y SUPERVISIÓN

Regulaciones de la SEC

En el complejo panorama de los mercados financieros, comprender el marco regulatorio es crucial, especialmente cuando se trata de participar en la venta en corto. La Comisión de Valores y Bolsa (SEC, por sus siglas en inglés) juega un papel fundamental en supervisar y regular las actividades de valores en los Estados Unidos. Navegar por las aguas regulatorias, en particular las pautas establecidas por la SEC, es esencial para el cumplimiento, la conducta ética y la mitigación efectiva del riesgo en el ámbito de la venta en corto.

1. Descripción general de la SEC

La Comisión de Valores y Bolsa, establecida en 1934, es un organismo regulador clave encargado de mantener mercados justos y eficientes. La misión de la SEC es proteger a los inversionistas, facilitar la formación de capital y asegurar la integridad de los mercados de valores mediante una regulación y aplicación efectivas.

2. Requisitos de Divulgación

La SEC impone estrictos requisitos de divulgación para garantizar la transparencia en los mercados financieros. Las empresas que participan en actividades de venta en corto o proporcionan servicios relacionados están obligadas a divulgar información pertinente al público. Los inversionistas y participantes del mercado confían en estas divulgaciones para tomar decisiones informadas.

3. Informes de Venta en Corto

Las regulaciones de la SEC exigen la presentación de informes sobre transacciones de venta en corto. Los corredores-dealers están obligados a enviar informes periódicos detallando las actividades de venta en corto, contribuyendo a la supervisión de la SEC sobre la dinámica del mercado. Este requisito de informes ayuda a monitorear posibles abusos del mercado y a mantener la integridad del mercado.

4. Regla 201 (Regla Alternativa de Uptick)

La SEC ha implementado la Regla 201, también conocida como la Regla Alternativa de Uptick, para abordar preocupaciones relacionadas con la venta en corto durante períodos de estrés del mercado. Esta regla tiene como objetivo frenar la volatilidad excesiva imponiendo restricciones a la venta en corto cuando una acción experimenta una caída significativa en el precio.

5. Regulación SHO

La Regulación SHO es un conjunto de reglas de la SEC que rige las ventas en corto y el préstamo de acciones. Incluye disposiciones para abordar preocupaciones como la venta en corto al descubierto (naked short selling), es decir, vender acciones sin realmente pedirlas prestadas. La regulación establece procedimientos para marcar las ventas como "en corto", asegurando el cumplimiento de los requisitos de préstamo y entrega.

6. Cumplimiento y Aplicación contra Fraudes y Manipulación del Mercado

La SEC aplica activamente regulaciones contra fraudes y manipulación del mercado. Los vendedores en corto deben adherirse a prácticas éticas, evitando declaraciones falsas o engañosas que puedan manipular las percepciones del mercado. Se toman medidas de cumplimiento contra aquellos que participan en actividades fraudulentas para mantener la integridad del mercado.

7. Reglas de Proxy

Las reglas de proxy de la SEC rigen la divulgación de información por parte de empresas e individuos que buscan adquirir más del 5% de los valores de una empresa. Los vendedores en corto involucrados en actividades que podrían influir en el control corporativo deben cumplir con estas reglas, contribuyendo a la transparencia y la toma de decisiones informada.

8. Prohibiciones de Insider Trading

Los vendedores en corto deben cumplir con las prohibiciones de la SEC sobre el insider trading. La información obtenida de manera ilegal o considerada no pública no debe usarse con fines comerciales. La SEC investiga activamente y toma medidas legales contra individuos o entidades que participan en prácticas de insider trading.

9. Alcance Global de las Regulaciones de la SEC

Aunque la SEC supervisa principalmente los mercados de valores de EE. UU., sus regulaciones pueden tener efectos extraterritoriales. Las entidades extranjeras que participan en actividades que afectan a los mercados de EE. UU. o a inversionistas estadounidenses pueden estar sujetas a las regulaciones de la SEC. Este alcance global refuerza el compromiso de la SEC de mantener la integridad de los mercados financieros de EE. UU.

10. Iniciativas Educativas

La SEC emprende iniciativas educativas para informar a los inversionistas sobre los riesgos y beneficios de la venta en corto. Se proporcionan materiales educativos y recursos para ayudar a los participantes del mercado a comprender las complejidades de la venta en corto, fomentando una comunidad de inversionistas más informada y resiliente.

Entender las regulaciones de la SEC es fundamental para cualquier persona involucrada en actividades de venta en corto. El marco regulatorio de la SEC tiene como objetivo proteger a los inversionistas, garantizar mercados justos y prevenir actividades fraudulentas. El cumplimiento de estas regulaciones no solo mitiga los riesgos para los participantes del mercado, sino que también contribuye a la estabilidad general y la confiabilidad de los mercados financieros. A medida que la SEC continúa adaptándose a las dinámicas cambiantes del mercado, los participantes del mercado deben estar al tanto de los cambios regulatorios para navegar el complejo terreno de la venta en corto de manera responsable y ética.

Marco Regulatorio Global

Participar en la venta en corto a escala global demanda una conciencia aguda de los diversos entornos regulatorios que rigen los mercados financieros. Cada país o región tiene su propio conjunto de reglas y regulaciones, creando un mosaico complejo de requisitos de cumplimiento. Navegar por esta intrincada red de marcos regulatorios globales es esencial para los participantes del mercado involucrados en prácticas de venta en corto, asegurando el cumplimiento de estándares legales y conducta ética.

1. Disparidades Regionales en las Regulaciones

El panorama regulatorio global se caracteriza por disparidades regionales en las regulaciones que rigen la venta en corto. Diferentes países pueden tener reglas distintas con respecto a los requisitos de divulgación, prácticas de venta en corto permitidas y mecanismos de ejecución. Los participantes del mercado deben ser conscientes de estas disparidades para operar dentro de los límites legales.

2. Regulación de Venta en Corto de la UE

En la Unión Europea (UE), las actividades de venta en corto están sujetas a regulaciones específicas establecidas en la Regulación de Venta en Corto de la UE. Este marco tiene como objetivo mejorar la transparencia al exigir la divulgación de posiciones cortas significativas y facilitar la coordinación entre los estados miembros de la UE para abordar los riesgos asociados con la venta en corto.

3. Variaciones Regulatorias en los Mercados Asiáticos

Los mercados asiáticos, incluidos China, Japón y Corea del Sur, tienen cada uno sus propias variaciones regulatorias con respecto a la venta en corto. Estas regulaciones pueden incluir restricciones sobre la venta en corto al descubierto, requisitos de divulgación y reglas específicas para abordar la manipulación del mercado. Comprender estas sutilezas es vital para los participantes del mercado que operan en los mercados asiáticos.

4. Reglas de la Autoridad de Conducta Financiera del Reino Unido (FCA)

El Reino Unido, un importante centro financiero, sigue las pautas regulatorias establecidas por la Autoridad de Conducta Financiera (FCA). Estas reglas abarcan diversos aspectos de la venta en corto, haciendo hincapié en la transparencia y asegurando que los participantes del mercado se adhieran a prácticas éticas. Cualquier cambio en las reglas de la FCA puede afectar significativamente las estrategias de venta en corto en el Reino Unido.

5. Directrices de la Autoridad de Administradores de Valores de Canadá (CSA)

Canadá, al igual que muchos otros países, tiene su propio organismo regulador que supervisa las actividades de valores. La Autoridad de Administradores de Valores de Canadá (CSA) proporciona directrices y regulaciones relacionadas con prácticas de venta en corto. Los participantes del mercado que operan en Canadá deben cumplir con estas regulaciones para mantener la integridad del mercado.

6. Supervisión de la Comisión Australiana de Valores e Inversiones (ASIC)

En Australia, las actividades de venta en corto están bajo la supervisión de la Comisión Australiana de Valores e Inversiones (ASIC). ASIC regula y hace cumplir reglas relacionadas con la venta en corto, con el objetivo de fomentar mercados justos y transparentes. Comprender las pautas de ASIC es crucial para aquellos involucrados en la venta en corto en el mercado australiano.

7. Desafíos Regulatorios en Mercados Emergentes

Los mercados emergentes a menudo presentan desafíos regulatorios únicos. Los marcos regulatorios pueden ser menos establecidos o estar sujetos a cambios rápidos. Los participantes del mercado que participan en la venta en corto en mercados emergentes deben mantenerse vigilantes, adaptándose a paisajes regulatorios en evolución y posibles incertidumbres.

8. Iniciativas Regulatorias Colaborativas

Reconociendo la naturaleza interconectada de los mercados financieros globales, los organismos reguladores participan en iniciativas colaborativas. Organizaciones como la Organización Internacional de Comisiones de Valores (IOSCO) trabajan para establecer principios y estándares comunes, fomentando un marco regulatorio global más armonizado para las actividades de venta en corto.

9. Impacto del Comercio Transfronterizo

El comercio transfronterizo, una práctica común en los mercados globales, agrega complejidad a las regulaciones de venta en corto. Los participantes del mercado deben navegar por las implicaciones de negociar valores en diferentes jurisdicciones, considerando los requisitos regulatorios tanto del mercado de origen como del destino.

10. Tecnología de Cumplimiento y Sistemas de Informes

Para navegar eficientemente el marco regulatorio global, los participantes del mercado a menudo aprovechan la tecnología de cumplimiento y los sistemas de informes. Estas herramientas ayudan a garantizar el cumplimiento de diversos requisitos regulatorios, simplifican los procesos de informes y mejoran la transparencia en las actividades globales de venta en corto.

Comprender el marco regulatorio global es imperativo para los participantes del mercado involucrados en la venta en corto a escala internacional. Navegar por las diversas regulaciones demanda vigilancia, adaptabilidad y un compromiso con la conducta ética. Al mantenerse informados sobre las disparidades regionales, colaborar con organismos reguladores y aprovechar la tecnología para el cumplimiento, los participantes del mercado pueden navegar por el complejo terreno de la venta en corto global con diligencia e integridad.

PARTE 10

CÓMO AFECTA LA VENTA EN CORTO A LA ECONOMÍA

Impacto en la estabilidad del mercado

Comprender el impacto de la venta en corto en la estabilidad del mercado es esencial para obtener perspectivas sobre sus amplias implicaciones económicas. Mientras que los críticos argumentan que la venta en corto puede introducir volatilidad y desestabilizar los mercados, un examen más detenido revela una relación más matizada.

Introducción a la Dinámica del Mercado

La venta en corto es parte integral de la dinámica del mercado, proporcionando un contrapeso a las estrategias de compra tradicionales. Permite a los inversionistas expresar visiones bajistas sobre activos, fomentando un entorno de mercado donde coexisten sentimientos alcistas y bajistas.

Volatilidad vs. Estabilidad

Contrario a la creencia común, la venta en corto puede contribuir a la estabilidad del mercado al prevenir la formación de burbujas especulativas. Cuando los activos sobrevalorados enfrentan presión de venta en corto, actúa como una fuerza correctiva, alineando los precios de los activos más estrechamente con sus valores intrínsecos. Esto, a su vez, reduce la probabilidad de fluctuaciones abruptas e insostenibles del mercado.

Descubrimiento Eficiente de Precios

La venta en corto mejora los mecanismos de descubrimiento de precios en los mercados financieros. Al permitir a los inversionistas apostar contra activos sobrevalorados, contribuye a revelar valoraciones más precisas. Este proceso de descubrimiento eficiente de precios contribuye a un entorno de mercado más saludable y estable a largo plazo.

Mitigación de Riesgos y Cobertura

La venta en corto también sirve como una herramienta de mitigación de riesgos. Los inversionistas participan en la venta en corto para cubrir sus carteras contra posibles pérdidas durante las caídas del mercado. Este uso estratégico de la venta en corto puede contribuir a la estabilidad general del mercado al proporcionar un medio para que los inversionistas se protejan de condiciones adversas del mercado.

Salvaguardias Regulatorias

Los marcos regulatorios desempeñan un papel crucial en asegurar que las actividades de venta en corto no comprometan la estabilidad del mercado. Se han establecido regulaciones rigurosas y mecanismos de monitoreo para prevenir la manipulación del mercado y la especulación excesiva. Estas salvaguardias tienen como objetivo mantener un mercado justo y ordenado al tiempo que permiten que los aspectos beneficiosos de la venta en corto prosperen.

Educación de los Participantes del Mercado

Mejorar la conciencia y comprensión entre los participantes del mercado sobre el papel de la venta en corto puede contribuir a un paisaje financiero más estable. La educación capacita a los inversionistas para tomar decisiones informadas, reduciendo el potencial de reacciones impulsadas por el pánico en el mercado.

Explorar cómo la venta en corto influye en la estabilidad del mercado revela una relación multifacética. Aunque puede introducir volatilidad a corto plazo, su papel en la prevención de burbujas del mercado, facilitar el descubrimiento eficiente de precios y proporcionar herramientas de mitigación de riesgos contribuye a un ecosistema financiero más estable y resiliente. Reconocer estas dinámicas es crucial para que los responsables de políticas, inversionistas y el público formen una visión integral del impacto de la venta en corto en la estabilidad del mercado.

Papel en el Funcionamiento Eficiente del Mercado

La venta en corto, a menudo vista con un enfoque crítico, desempeña un papel fundamental y constructivo en el mantenimiento de la eficiencia del mercado. Sirve como un mecanismo que permite a los inversionistas expresar visiones bajistas sobre activos, contribuyendo al equilibrio general de los mercados financieros. Comprender el papel multifacético de la venta en corto es esencial para apreciar su impacto en la dinámica y eficiencia del mercado.

1. Mecanismo de Descubrimiento de Precios
La venta en corto actúa como un componente vital en el mecanismo de descubrimiento de precios. Al permitir a los inversionistas apostar contra el mercado, la venta en corto proporciona un contrapeso al sentimiento optimista. Los movimientos de precios resultantes reflejan una visión más matizada y equilibrada del valor real de los activos, contribuyendo a la fijación eficiente de precios del mercado.

2. Asignación Eficiente de Capital
La venta en corto facilita la asignación eficiente de capital al permitir que los inversionistas redirijan recursos lejos de activos sobrevalorados. Este proceso asegura que el capital fluya hacia oportunidades con fundamentos más sólidos, alineándose con las realidades del mercado. En esencia, la venta en corto ayuda a prevenir burbujas de activos y promueve una asignación más racional de recursos.

3. Mitigación de Riesgos y Diversificación de Carteras

Los inversionistas que participan en la venta en corto mitigan efectivamente el riesgo y diversifican sus carteras. Las posiciones cortas actúan como cobertura contra las caídas del mercado, ofreciendo protección cuando las inversiones tradicionales a largo plazo puedan enfrentar desafíos. Este aspecto de mitigación de riesgos contribuye a un ecosistema financiero más saludable y resistente.

4. Aumento de la Liquidez

La venta en corto mejora la liquidez del mercado al introducir más actividad comercial. La capacidad de comprar y vender valores, ya sea a través de posiciones largas tradicionales o posiciones cortas, fomenta un mercado más dinámico. Un aumento en la liquidez proporciona a los inversionistas una ejecución mejorada de operaciones y contribuye al funcionamiento general suave de los mercados financieros.

5. Desalienta la Manipulación del Mercado

La venta en corto actúa como un disuasivo contra la manipulación del mercado. La capacidad de apostar en contra del rendimiento de un activo introduce una fuerza contraria a las actividades especulativas que pueden inflar artificialmente los precios. Este desaliento de la manipulación promueve el juego limpio y la integridad dentro de los mercados financieros.

6. Corrección de la Sobrevaloración

En casos en los que los activos están sobrevalorados, la venta en corto actúa como una fuerza correctiva. Al apostar en contra de acciones o valores sobrevalorados, los vendedores en corto pueden contribuir a una corrección, llevando los precios más en línea con los fundamentos subyacentes. Esta corrección es fundamental para prevenir burbujas del mercado y caídas subsiguientes.

7. Eficiencia del Mercado a Través del Contenido Informativo

La venta en corto agrega contenido informativo a los mercados. Los inversionistas que toman posiciones cortas a menudo realizan una extensa investigación y análisis para identificar debilidades en empresas o mercados. Las perspicacias obtenidas de esta diligencia debida contribuyen información valiosa al mercado en general, mejorando la eficiencia global.

8. Fomenta la Gobernanza Corporativa

La presencia de la venta en corto puede incentivar a las empresas a mantener fuertes prácticas de gobierno corporativo. Sabiendo que su rendimiento está sujeto a escrutinio tanto de inversionistas a largo como a corto plazo, las empresas son incentivadas a mantener transparencia, responsabilidad y prácticas de gestión efectivas.

9. Respuestas de Mercado Adaptativas

La venta en corto permite que los mercados se adapten rápidamente a condiciones económicas cambiantes o eventos imprevistos. Si surge información negativa, los vendedores en corto pueden responder tomando posiciones que reflejen una perspectiva pesimista, influenciando los precios para alinearse con la nueva información. Esta adaptabilidad contribuye a la resiliencia de los mercados financieros.

10. Facilita Estrategias de Inversión Dinámicas

Los inversionistas que emplean estrategias de venta en corto pueden participar en enfoques de inversión dinámicos y proactivos. La capacidad de obtener ganancias con la caída de los precios de los activos permite un conjunto de herramientas más versátil para los inversionistas, fomentando la innovación en las estrategias de inversión y contribuyendo a la evolución de los mercados financieros.

La venta en corto, cuando se lleva a cabo de manera responsable dentro de los límites de los marcos regulatorios, desempeña un papel integral en el funcionamiento eficiente de los mercados financieros. Sus contribuciones al descubrimiento de precios, la gestión de riesgos, la liquidez y la integridad del mercado dan forma colectivamente a un mercado más resiliente y adaptable. Reconocer los aspectos constructivos de la venta en corto proporciona una perspectiva más matizada de su papel en el mantenimiento de un ecosistema financiero saludable y eficiente.

PARTE 11

IDEAS EQUIVOCADAS

Venta en corto Vs Manipulación del mercado

Una idea errónea común en torno a la venta en corto es la confusión entre la venta en corto legítima y la manipulación del mercado. La venta en corto es una estrategia financiera bien establecida en la que los inversionistas aprovechan las disminuciones de precios anticipadas. Sin embargo, algunos críticos argumentan que la venta en corto puede contribuir a la manipulación del mercado, fomentando una percepción negativa de esta práctica.

Para abordar esta idea errónea, es esencial distinguir entre ambas. La manipulación del mercado implica inflar o desinflar intencionalmente el precio de un valor, creando una apariencia falsa de actividad del mercado. Por otro lado, la venta en corto legítima se basa en la investigación y el análisis, impulsada por la creencia del inversionista en la sobrevaluación de un activo.

Venta en Corto y Salud Económica

Otra idea equivocada prevalente gira en torno a la creencia de que la venta en corto afecta negativamente a la salud económica. Los críticos argumentan que al apostar en contra de las empresas, los vendedores en corto socavan la confianza y potencialmente contribuyen a recesiones económicas. Sin embargo, una perspectiva más matizada revela que la venta en corto juega un papel vital en la eficiencia del mercado.

La venta en corto proporciona un mecanismo para que los inversionistas expresen opiniones bajistas sobre los activos. Este proceso, cuando se realiza de manera responsable, puede contribuir a la corrección de acciones sobrevaloradas, promoviendo una reflexión más saludable y precisa de las condiciones del mercado. En lugar de ser perjudicial, la venta en corto puede mejorar la transparencia del mercado y prevenir la formación de burbujas de activos.

Al desmentir estas ideas equivocadas, los inversionistas y el público en general pueden obtener una comprensión más equilibrada del papel de la venta en corto en el ecosistema financiero. Es crucial reconocer que, como cualquier estrategia de inversión, la venta en corto requiere una ejecución responsable e informada para mitigar posibles riesgos y contribuir de manera positiva a la dinámica del mercado.

PARTE 12

TENDENCIAS ACTUALES Y PERSPECTIVAS FUTURAS

Ventas en corto en los mercados financieros modernos

El panorama de la venta en corto ha experimentado transformaciones significativas en paralelo con la evolución de los mercados financieros modernos. Examinar las tendencias contemporáneas no solo arroja luz sobre las complejidades de esta práctica ancestral, sino que también revela el profundo impacto de la tecnología y el cambio en las dinámicas del mercado en las estrategias de venta en corto.

1. Plataformas de negociación electrónica

El surgimiento de plataformas de negociación electrónica ha revolucionado la venta en corto. Los operadores ahora pueden ejecutar órdenes cortas de manera rápida y eficiente, aprovechando algoritmos avanzados para una sincronización precisa. Este cambio de procesos manuales tradicionales a plataformas electrónicas ha mejorado la velocidad y accesibilidad de las actividades de venta en corto.

2. Operaciones algorítmicas y de alta frecuencia

Las operaciones algorítmicas y de alta frecuencia se han vuelto integrales para las estrategias modernas de venta en corto. Algoritmos complejos analizan conjuntos de datos extensos, identificando oportunidades potenciales de venta en corto en tiempo real. Los operadores de alta frecuencia ejecutan numerosas operaciones cortas en fracciones de segundo, capitalizando las ineficiencias del mercado y las oportunidades fugaces.

3. Análisis de grandes datos

El análisis de grandes datos desempeña un papel crucial en las prácticas contemporáneas de venta en corto. Los operadores aprovechan el poder de conjuntos de datos vastos para descubrir patrones, correlaciones y señales que pueden indicar posibles movimientos del mercado. Este enfoque impulsado por datos mejora la precisión de las estrategias de venta en corto, permitiendo una toma de decisiones más informada.

4. Aprendizaje automático e inteligencia artificial

El aprendizaje automático e inteligencia artificial se han convertido en herramientas indispensables para los vendedores en corto. Estas tecnologías pueden analizar grandes cantidades de datos históricos, aprender de patrones y adaptar estrategias según las condiciones cambiantes del mercado. Los algoritmos de aprendizaje automático mejoran las capacidades predictivas de los modelos de venta en corto.

5. Información de mercado en tiempo real

La disponibilidad de información de mercado en tiempo real ha transformado la forma en que operan los vendedores en corto. Los operadores pueden acceder a datos actualizados sobre precios de activos, tendencias del mercado y noticias, lo que permite ajustes oportunos a las posiciones cortas. La información en tiempo real contribuye a la agilidad y capacidad de respuesta en la ejecución de estrategias de venta en corto.

6. Medios sociales y análisis de sentimientos

Los vendedores en corto ahora incorporan medios sociales y análisis de sentimientos en sus estrategias. Monitorear conversaciones en línea y el sentimiento en torno a un activo proporciona información adicional. Los operadores pueden evaluar la percepción pública e integrar el análisis de sentimientos en su proceso de toma de decisiones, agregando una dimensión cualitativa a la venta en corto.

7. Cambios regulatorios e informes

La venta en corto moderna está sujeta a marcos regulatorios en evolución. Cambios en regulaciones, como requisitos de informes mejorados, buscan promover la transparencia y mitigar riesgos potenciales asociados con la venta en corto. Los operadores deben navegar por estos entornos regulatorios para garantizar el cumplimiento y la conducta ética.

8. Venta en corto de criptomonedas

El auge de las criptomonedas ha introducido una nueva dimensión en la venta en corto. Los operadores ahora pueden participar en actividades de venta en corto dentro de los mercados de criptomonedas, apostando por la disminución del precio de los activos digitales. Los intercambios de criptomonedas facilitan estas transacciones, creando oportunidades y desafíos únicos para los vendedores en corto.

9. Interconexión global

Los mercados financieros modernos exhiben un mayor grado de interconexión global. Los vendedores en corto deben considerar el impacto de eventos internacionales, indicadores económicos y desarrollos geopolíticos en sus posiciones. La naturaleza interconectada de los mercados requiere un enfoque más holístico para las estrategias de venta en corto.

10. Factores ambientales, sociales y de gobernanza (ESG)

Las estrategias de venta en corto contemporáneas incorporan cada vez más factores ambientales, sociales y de gobernanza (ESG). Los inversionistas evalúan la sostenibilidad y las prácticas éticas de las empresas antes de participar en actividades de venta en corto. Las consideraciones de ESG se han vuelto integrales para evaluar la viabilidad a largo plazo de las posiciones cortas.

La venta en corto en los mercados financieros modernos es una práctica dinámica e influenciada tecnológicamente. La integración de plataformas electrónicas, operaciones algorítmicas, análisis de grandes datos y tecnologías emergentes ha remodelado el panorama. Los operadores que navegan por este terreno en evolución deben aprovechar hábilmente los avances tecnológicos, al tiempo que consideran las implicaciones éticas y los matices regulatorios que rigen las estrategias de venta en corto contemporáneas.

Estrategias y tecnologías en evolución

El cambiante panorama de los mercados financieros experimenta un cambio transformador impulsado por la llegada de nuevas tecnologías. Mientras nos encontramos en la intersección de la innovación y las finanzas, la evolución de las estrategias de venta en corto está siendo moldeada profundamente por tecnologías de vanguardia, ofreciendo una visión del futuro de los mercados financieros.

1. Modelos cuantitativos de negociación

El surgimiento de modelos cuantitativos de negociación está a la vanguardia de las estrategias de venta en corto en evolución. Estos modelos utilizan técnicas matemáticas y estadísticas para identificar patrones y ejecutar operaciones con precisión. A medida que la potencia informática continúa avanzando, las estrategias cuantitativas en la venta en corto ganan sofisticación y precisión.

2. Blockchain y contratos inteligentes

La tecnología blockchain, sinónimo de criptomonedas, está incursionando en la venta en corto. La transparencia e inmutabilidad inherentes en la cadena de bloques ofrecen nuevas posibilidades para crear contratos inteligentes relacionados con posiciones cortas. Esta tecnología puede agilizar procesos, reducir el riesgo de contraparte y mejorar la eficiencia de las transacciones de venta en corto.

3. Finanzas descentralizadas (DeFi)

La aparición de plataformas de finanzas descentralizadas (DeFi) presenta vías alternativas para la venta en corto. Los protocolos DeFi aprovechan la tecnología blockchain y de contratos inteligentes para crear plataformas descentralizadas de préstamos y préstamos. Las actividades de venta en corto pueden ocurrir en un entorno descentralizado y sin permisos, desafiando a los intermediarios financieros tradicionales.

4. Analítica predictiva y herramientas de pronóstico avanzado

La analítica predictiva y las herramientas avanzadas de pronóstico se están volviendo integrales para las estrategias de venta en corto. Los operadores aprovechan algoritmos de aprendizaje automático para analizar vastos conjuntos de datos, identificar tendencias y hacer predicciones sobre futuros movimientos del mercado. Este enfoque impulsado por datos mejora la toma de decisiones en las actividades de venta en corto.

5. Automatización de procesos robóticos (RPA)

La automatización de procesos robóticos (RPA) está optimizando los procesos operativos en la venta en corto. Tareas repetitivas, como la entrada de datos y la ejecución de operaciones, pueden automatizarse mediante RPA, liberando recursos humanos para decisiones más estratégicas. Esta tecnología contribuye a la eficiencia operativa y reduce el margen de error humano.

6. Soluciones Regtech

Las soluciones tecnológicas regulatorias (Regtech) están ayudando a los vendedores en corto a navegar por el cambiante panorama regulatorio. Verificaciones automáticas de cumplimiento, monitoreo en tiempo real y capacidades mejoradas de informes son facilitadas por las herramientas Regtech. Estas soluciones aseguran que las actividades de venta en corto estén alineadas con los requisitos regulatorios en constante cambio.

7. Realidad aumentada (RA) en la investigación

La realidad aumentada (RA) está influyendo en la fase de investigación de la venta en corto. Los analistas pueden utilizar RA para visualizar datos financieros complejos, tendencias del mercado e indicadores macroeconómicos. Esta tecnología inmersiva mejora la profundidad del análisis, proporcionando una comprensión más completa de los factores que influyen en las decisiones de venta en corto.

8. Plataformas de inteligencia colectiva

Las plataformas de inteligencia colectiva están cobrando protagonismo en la investigación de venta en corto. Los operadores pueden aprovechar las perspectivas colectivas de un grupo diverso de contribuyentes para informar sus estrategias de venta en corto. Estas plataformas aprovechan la sabiduría de la multitud, descubriendo perspectivas y conocimientos no convencionales sobre el mercado.

9. Medidas de ciberseguridad

La creciente dependencia de la tecnología exige sólidas medidas de ciberseguridad en las actividades de venta en corto. Los operadores y las plataformas deben salvaguardar datos sensibles, prevenir el acceso no autorizado y asegurar la integridad de las transacciones. La ciberseguridad se convierte en un componente crítico para mantener la confianza y la seguridad dentro del ecosistema de venta en corto.

10. Herramientas de evaluación del impacto ambiental y social

Los vendedores en corto están incorporando herramientas que evalúan el impacto ambiental y social de las empresas objetivo. A medida que las consideraciones ambientales, sociales y de gobernanza (ESG) se vuelven más prominentes, estas herramientas ayudan a evaluar la sostenibilidad y las prácticas éticas de las posiciones cortas potenciales, alineándose con las expectativas cambiantes del mercado.

La convergencia de estrategias y tecnologías en evolución está dando forma al panorama de la venta en corto. Desde modelos cuantitativos avanzados hasta innovaciones en blockchain y finanzas descentralizadas, estos desarrollos señalan un futuro en el que la tecnología desempeña un papel central en la configuración de las estrategias de venta en corto. Al abrazar esta era de transformación, la adaptabilidad y una mentalidad orientada hacia el futuro se vuelven fundamentales para aquellos que navegan por la intersección siempre cambiante de finanzas y tecnología.

PARTE 13

EN CONCLUSIÓN

Resumen de las ventas en corto y sus riesgos

Al concluir nuestra exploración de la venta en corto, es crucial reconocer esta estrategia de inversión como un enfoque matizado y sofisticado para los mercados financieros. La venta en corto, la práctica de apostar contra la trayectoria ascendente de un activo, ofrece oportunidades únicas, pero no está exenta de desafíos. Al resumir, se hace evidente que una comprensión integral de los riesgos asociados es primordial para cualquiera que considere o participe en actividades de venta en corto.

La venta en corto introduce un contrapeso a la estrategia de inversión tradicional "larga", permitiendo a los inversionistas beneficiarse de las caídas de precios. Sin embargo, los riesgos son inherentes y multifacéticos. Desde la dinámica del mercado y el potencial de pérdida ilimitada hasta las incertidumbres regulatorias y los riesgos de temporización, los vendedores en corto operan en un entorno donde los desafíos y las complejidades exigen un enfoque meticuloso.

Importancia de Decisiones de Inversión Informadas

La incursión en la venta en corto es una incursión en lo desconocido, y es responsabilidad de los inversionistas navegar por este terreno con el máximo cuidado. La toma de decisiones informada surge como el principio rector, enfatizando la necesidad de equilibrar las recompensas potenciales con las complejidades de los riesgos asociados. Este equilibrio requiere un compromiso con una investigación exhaustiva, la conciencia del mercado y la adaptabilidad frente a condiciones cambiantes.

A medida que los inversionistas se adentran en la venta en corto, la importancia de mantenerse al tanto de los cambios regulatorios no puede ser exagerada. El cumplimiento con los marcos regulatorios, ya sea establecido por la Comisión de Valores y Bolsa (SEC, por sus siglas en inglés) u otros organismos reguladores globales, no solo es una obligación legal, sino una protección contra posibles contratiempos.

En conclusión, la venta en corto, cuando se aborda con diligencia y una perspectiva bien informada, puede ser una herramienta valiosa en el arsenal de un inversionista. Sin embargo, el camino está lleno de desafíos que exigen respeto y sagacidad estratégica. Los riesgos asociados con la venta en corto no son disuasivos, sino más bien puntos de referencia de navegación que guían a los inversionistas hacia una comprensión más matizada de los mercados financieros.

Al abrazar las complejidades y oportunidades de la venta en corto, el llamado a la acción es claro: priorizar la toma de decisiones informadas, cultivar la resistencia frente a contratiempos y mantenerse adaptable al paisaje siempre cambiante de los mercados financieros. A través de estos principios, los inversionistas pueden embarcarse en el viaje de la venta en corto con una confianza medida, listos para navegar por las complejidades y contribuir al tapiz vibrante y dinámico del mundo financiero.

ACERCA DEL AUTOR

Damien Soitout es un empresario, inversionista y filántropo francés. Es el propietario del Grupo CPF con presencia en Estados Unidos, Francia y México, y cuenta con experiencia, conocimientos y éxito en 9 industrias.

Ha colaborado con algunos de los grupos más grandes del mundo y ha apoyado a miles de emprendedores y soñadores a alcanzar sus metas profesionales y personales mediante programas personalizados, consultoría y contenido gratuito en línea.

Una de sus misiones es abrir la mente de las personas con metas ambiciosas para organizar sus proyectos de manera que no corran el riesgo de pagar el "Impuesto Tonto".